性なる聖なる生

セクシュアリティと魂の交叉

虎井まさ衛・大月純子／河口和也 著

緑風出版

目次　性なる聖なる生——セクシュアリティと魂の交叉

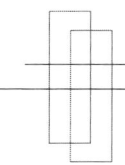

はじめに　虎井まさ衛　7

Ⅰ　わたしらしく生きるために　大月純子　13

はじめに

女から男へ性転換した私のような人間が、「キリスト教」的なものに強烈に惹きつけられるというのは、端《はた》から見ると奇妙に思われるかもしれません。たいていの性的少数者（セクシュアル・マイノリティ）は、キリスト教からは冷遇されてきているからです。私のような広い意味でのトランスジェンダーは、キリスト教圏では殺しのターゲットにまでなってしまうのです。ですから私は、遂にキリスト教の信仰者にはならず、幼児の頃から非常に病弱だったせいもあって、十八の年から「あらゆる病気や悩みが奇跡的に消滅する」と言われる信仰の者となり、今に至っています。

つまりもう二十年以上もそこの信者であって、個人的に「助けていただいている」感謝を日々深く感じるために、おそらく生涯そこの者であると思いますが、キリスト教と較べるとあまりにも新しい宗教であり、教典や会合の中でも、セクシュアル・マイノリティについては触れられておりません。大きな問題としないのです。それだけ若いのだと言えましょう。

にもかかわらず私は、「キリスト教的なるもの」に、磁石を前にしたサテツの如く吸い寄せられてしまうのです。恐ろしくおっかなかった今は亡き父に、一番初めに買ってもらったものとして記憶にはっきりと残っているのが、金メッキの十字架のネックレスだったからでしょうか。不思議なことに、お寺の縁日の屋台で売っていたのでした。おおらかですね。そして私も確かその時は、仏教系幼稚園に通っていたのでした。でもその十字架上の人が誰だかは知っていました。

そのころから私は、クラシック音楽が好きでした。ひとりっ子でしたから、影響を受けるとしたら親か友達でしたでしょうけれど、誰にもその素養はなく、テレビやラジオから流れてくる雑多な音楽の中から、自然とクラシック、特にバロック風なもの、その中でもバッハのものに一番惹《ひ》かれていました。これもやはり、理由が思い当たらない、いわゆる「好み」だったのです。そして私の持ち物の中に現存する最古のレコードは、雑誌のクリスマス特集の付録として付いていた、赤いペラペラなソノシートです。昭和四〇年代前半のものです。「きよしこの夜」と「神のみ子はこよいしも」の二曲が収められていました。私は「神のみ子は……」の方を愛して、小学校に入ってからねだって買ってもらった、テーブルの上に乗る小さなおもちゃのオルガン（ピアニカのようなもので脚が付いておらず、鍵盤だけしかありませんでした）で一番初めに弾けるようになったのが、まさにその曲でした。片手ずつどころか指一本でしか弾けませんでしたが、弾いている間は自分がこの世から離れているような浄福《じょうふく》を感じたものです。

キリスト教美術も目まいがするほど好きで、ステンドグラスや天使やマリア様の像の写真や絵を、新聞などから切り取ってひそかに集め、うっとりと眺めて暮らしました。なぜ「ひそかに」かと言うと、家そのものが当時、ある仏教の信仰をしていたからです。

キリスト教関連の本にもずいぶんと夢中になりました。信仰ある子どもが奇跡的に救われた話とか、涙を流すマリア像についてだとか、キリスト教名画の写真集など、エピソード的なものばかりで、信徒になる覚悟がないのに聖書を買い求めることはできないと思っていたような節があります。初めて新約聖書を読んだのは高校二年でした。掃除ボランティアか何かに、「まあ、やってあげてもいいや」とばかりに投げやりに志願したのを或る教師に感心され、放課後に呼び出されて一冊もらったのです（ちなみに都立の普通校でしたので、その受け渡しもなんとなく秘密に行われました）。「特別なもの」という感じがビリビリと伝わりましたけれど、読んでみても特に何も感じませんでした。キリスト教芸術にあれほど胸ふるわせていたにもかかわらず、教えの源とも言うべき聖書の、発するオーラには惹かれても、内容はピンと来なかったのです。おそらくセクシュアル・マイノリティについて批判的なことがチラホラ見受けられたからかと思います。この頃は教団による聖書の内容の改ざんが多く行われていたことなど、全く知らなかったのですが。しかし後年読み返す度に、真理である箇所は心に染み入ったのです。本書の私の記述の中にも、いくらか引用してあります。

〔ここで一つ、暗黒の告白をします。懺悔と言えましょう。私は小学五年と六年時に、黒魔術に夢中になってしまったことがあるのです。悪魔になにか願いを叶えてもらう代わりに、死んだ後に魂をくれてやるという契約を結ぶのです。神様を否定したり呪ったりしたわけでは決してないのですが、「女体を男体に」てっとり早く変えてくれるという点では、どうしても悪魔の方が話が早そうな気がしてしまったのでした。まだこの頃は、生きているうちのことだけしか考えられなかったのです。夕暮れ時に病院裏の空き地に簡単な魔法陣を描き、呪文を唱えるというブキミな子どもと化してしまった私でした。もちろん何も起こらなかったために、今こうしてこの本を書いていられるのですが。

黒魔術をしつつも、キリスト教的なものには惹かれていたのです。それにもかかわらず悪魔に望みをかけるほどに、人間とはコウモリのような存在なのだなあ、と十歳にしてあきれ果てたものです。私は小学校高学年の時が一番感性が研ぎ澄まされており、ゲーテの「ファウスト」なども読破して、いい気になっていました。それからどんどん下降していって、今はサイテーな鈍感野郎かもしれません」

こんな日々の中でも、夢でひんぱんに天国だと思える所に行きました。とにかくどこもかしこも純白に輝いていて、富士山ほどの巨大な建物がたくさんありました。そしてしばしば、夢の中でイエス様に会いました。読み聞くところでは、情熱的な革命家でいらしたそうですが、夢の中ではいつも「内側がとても静かな人」という印象でした。情熱的で、かつ内側が静か（心が平安）であることは、矛盾しませんけれど。それからずいぶん空腹であるようにお見受けした時もありました。

十八の時に現在の信仰をもってからは、このような夢はパッタリ見なくなってしまったのですが、それでも私は信仰対象とは別に、いよいよ「キリスト教的なもの」への愛着を深めていったのです。教会や、キリスト教関連の本やグッズを売る店に入ると、文字通り恍惚状態になってしまうのです。大学時代に手に入れた中古のピアノでは、バッハばかり練習していました。

「自分はキリスト者になるべきではなかったか」と思わないことはありませんでした。小さい頃からのことを色々考えると、どうしてもそうあるべきなのでは、と深く悩んだものです。しかし先述したように、私のような者が、イエス様ではなく「教団」や「信者たち」に容れられるとは思われなかったですし、あらゆる文献からうかがえるように日常的に奇跡が頻発する宗教ではなさそうだったために（病気のことばかり頭にある信仰者は、最初は得てして「奇跡求め」の人が多いもので、私もそうだったのです）、「柱の陰から眺めて憧れよう」と寂しく決意もしていたのです。

ちょうどそんな時です、共著者である大月純子さんと初めて会ったのは。大月さんも私も会員である〝人間と性〟教育研究協議会という団体は、毎年夏に全国大会を開くのですが、二〇〇二年度の開催地である広島で、シンポジスト同士として出会ったのでした。

広島の教会の牧師さんが来られるということで、私はワクワクしつつ控え室の扉を開けたのです。大月さんは拙著『ある性転換者の幸福論』をお持ちでした。私のキリスト教への憧憬についても綴ってある本でした。私はその日は東京にトンボ帰りしなくてはならず、挨拶もそこそこに「シンポジウムの始まる前におみやげを買ってきますね」と席を立ったのですが、「あ、お手伝いします」と付いてきて下さった大月さんが、広島在住の人らしい知識と共に、特産品のアドバイスをして下さったので、とても助かりました。うちとける、と思うまもなく、十年来の友のように腹を割って話せたことをよく覚えています。さばさばしていてゲタゲタ笑う大月さんは、しかし、私の抱いていた牧師像とはかけ離れて見えました……私の中では、牧師さんという人は静かに微笑む羊のような印象だったので。

考えてみると、私がこれまでに出会ったキリスト者は全員、私が抱いていたキリスト者のイメージ——愛と謙譲の美徳と奉仕の精神に満ちた高潔な人で、決して怒らず、不平不満もなく、みこころのままに生きている——とはかけ離れた、悩みや苦しみ、明日への不安に満ち満ちた人々でした。だからこそ神を求め、最終的には私のイメージ通りになるのかもしれませんが。

大切なことは、ほとんどの事柄において、こんなものであるということです。思いこみと現実は異なりがちです。一般的に、性転換者が感謝を語ったり、牧師がセクシュアル・マイノリティについて熱く述べたりということは、珍しいことこの上ないのではないかと思います。しかしこの本では、それらがなされています。今まで「聖なるもの」の光に打たれた時には滅びゆくもの、とされてきた人々が、人間としての尊厳をもって台頭してきたのです。それは全く正しいことです。何が聖かを決めてきたのは人間たちだからです。

本当に聖なる光は、どんな人々にも平等に降り注ぐものです。大月さんと私の綴る文章がその光の明るさ暖かさを、いくぶんかでも模倣できていればいいなあと思います。読まれた方一人一人の心に、あかりを届けられますように。

ちなみに本書の中で大月さんが言われるところの「神」は「キリスト教の神」であり、虎井の「神」は「キリスト教の神も含む全て」を指します。

この本の出版にご尽力くださいました、緑風出版の高須次郎氏ならびに斎藤あかね氏には、心より御礼申し上げます。

二〇〇五年三月一日

虎井まさ衛

Ⅰ

わたしらしく生きるために　大月純子

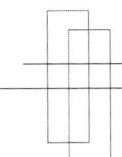

第1章

信仰とセクシュアリティの立場

私は、現在「日本基督教団」の牧師をしています。その私がこのような文章を書かせていただくのは「キリスト教の教えはすばらしい」ということを伝えたいという訳ではありません。それよりもむしろ、これまでのキリスト教会が「性」についてどのようにとらえ、どのように語ってきたのか、それが人々にどのような印象や影響を及ぼしてきたのかを振り返り、その歴史を反省する必要があると考えるからです。(注1)

虎井さんと私の出会いについては、虎井さんが書いてくださっているので、割愛《かつあい》しますが、虎井さんとご一緒にお仕事をさせていただくことになった時、私は虎井さんのことをもっと知っておかなければと思い、すでに持っていた虎井さんの著書を読み返したり、新たに出た本を買いあさりました。ちょうどそのころ出版された本の中に『ある性転換者の幸福論』（十月舎、二〇〇三年）がありました。私はその本を手にとったとき、大きなショックを覚えました。それは、その本の帯に「性転換は神を冒瀆《ぼうとく》する行為か」と書いてあったからです。帯の後ろを見ると「かみそり捨てて希望をもとう」と書かれていました。その言葉に愕然《がくぜん》としたのです。キリスト者であり、牧師である私は、これまでのキリスト教をはじめとする宗教が、当事者に「性転換は神を冒瀆する行為」と思わせ、傷つけ、命を奪ってきたことを改めて突きつけられたのです。

これまでにも、キリスト教の教えが、セクシュアル・マイノリティ（注2）の人たちに間違ったメッセージを伝え、罪悪感を持たせたり、実際に教会が傷つけるような言動をとってきたことは知っていました。そのことの責任を痛感し、これまでキリスト教会が語ってきたことの誤りについて語ってきました。

よく「牧師のあなたが何故セクシュアリティについて取り組んでいるの？」と聞かれることがありますが、牧師のわたしがセクシュアリティについて関わるのは、社会の中にあふれか

（注1）なお、ここでの「キリスト教会」とは、特定の一つの教会を指すのではありません。また、私がこれから述べることは、キリスト教を代表するものではなく、私が感じたり、考えたりしていることにすぎないことをご理解ください。

えっているセクシュアリティについての否定的な情報にキリスト教が大きく関わってきたことを、自分自身の体験からも痛感させられたからです。それは、キリスト教の教えと言われるものが当事者を傷つけ、存在を脅《おびや》かしてきてしまっただけではなく、セクシュアリティについて否定的な考えを持つ人たちの感情を正当化させ、支えてきたということでもあります。実際に、キリスト教会はこれまで、当事者を傷つける言動を行ってきましたし、今も行い続けています。

それを知ったとき、キリスト者として、その「教え」を伝えることを「なりわい」としている者として、きちんと今までのキリスト教会が語ってきたことの誤りを指摘し、その責任を果たさなければならないと思ったのです。その思いからこれまでも、キリスト教会に対して教会がこれまで語ってきたことの誤りや聖書の解釈の仕方の危うさを指摘すると共に、セクシュアル・マイノリティの人たちに対しても、「あなたたち一人一人の命は神が与えられたかけがえのない命であり、一人一人が神の前でかけがえのない存在である」ということを伝えなければならないと思い、活動をしてきました。

けれども、『ある性転換者の幸福論』の帯を見たときに、私の想像をはるかに越えたところで、当事者を傷つけ、多くの人の存在や命を奪ってきたことに改めて気づかされ、キリスト教の責任を改めて痛感させられたのです。

ですから、正直なところ、この言葉を帯に書かれているということは、虎井さんご自身が、キリスト教に対して嫌悪感を持っておられたり、批判的な感情を持っておられるのではないだろうかとお会いするまでとても不安でした。けれども、お会いしてすぐにそのことをお話したところ、虎井さんは「悪いのは、教会という組織ですから」と言われました。その言葉を聞いた瞬間に、それまで肩に入っていた力がふっと抜けたのを覚えています。この方は、根本的なことをわかっていてくださるという安心感と喜びを感じました。

そして、その時に私は、名刺のかわりに、私が以前書いた文章が載っている『性の意味』という本を虎井さんにプレゼントさせていただきました。(注3)

その日から、虎井さんとのメールのやりとりが始まりました。その中で「この本に書いてあることをわかりやすく書いて欲しい」というメールをいただき、冗談で「え、本を書くってことですかね」と書いたら、「そうしましょう！」と言われ、私の中で夢がふくらんでいきました。

（注２）セクシュアル・マイノリティという言葉を使うと、様々なセクシュアリティがあることが見えなくされ、それぞれのセクシュアリティを持つ人への差別や排除が隠されてしまうと、この言葉を使うことに疑問を感じる動きもあります。ですから、レズビアン、ゲイ、バイセクシュアル、トランスジェンダーの頭文字を取り、「ＬＧＢＴ」という表現やクイアの頭文字を加えて「ＬＧＢＴＱ」を用いていますが、ここでは、この表現を用います。

また、「マイノリティ」という言葉が使われていますが、これは社会的に少数者の立場に置かれているだけで、実際の数は一般的に認識されているよりもはるかに多いと考えられています。

（注３）そしてそのことは後に出版された『多様な性がわかる本』の中の虎井さんが書かれた文章を読んで、さらにほっとしました。

「もちろん、私なんかに書けるのだろうか……」という不安も覚えていましたが、虎井さんは私の思いを越えたところで、どんどんと話を進められ、いろいろなことがとんとん拍子に決まっていき、夢のような話に戸惑いを隠せませんでした。けれども、夢を見ることの大切さ、そして、夢は必ず実現するということを虎井さんに教えていただいたような気がします。

1　キリスト教との出会い

私の家はいわゆる「クリスチャンホーム」ではありません。私の家族の中でキリスト者は、幼いときに洗礼を受けた父と私だけです。しかも、父は幼い頃に教会に通っていただけで、私が知っている限りにおいては、私が高校三年生になるまでは、教会には行っていませんでした。ですから、長い間、私は父がキリスト者であることは知らず、家族の中で自分だけがキリスト者であると認識していました。けれども、母も幼い頃からキリスト教に触れて育ったので、私の家では、私が物心ついた頃から、食事の前にはお祈りをしていました。

私自身が教会に通うきっかけは、幼稚園の時です。二人の兄は、家の近くの幼稚園に通ったのですが、その後、教会付属の幼稚園があることを知った母が、私を家から一五分ぐらいバスで行ったところにある日本基督教団御影教会付属群華幼稚園に私を入園させました。私はそこでキリスト教に触れ、神を礼拝するということ、祈りをささげるということを教わり、身につけていきました。幼稚園を卒園してからも、時々は教会学校(注４)に通っていましたし、クリスマスになると家族でキャンドルライトサービスに出かけたものでした。

ですから、私は物心ついたころから神の存在は当たり前のこととして、ごく自然に受け止めていました。その神というのはキリスト教の神を指していました。

中学になってからはほぼ毎週教会に通うようになり、「中学生になったのだから洗礼を受けなさい」という母の言葉に疑いをもつこともなく、中学二年生のクリスマスに洗礼を受けました。その日の朝の教会学校での出来事はとても印象的でした。

その朝、教会学校の礼拝が終わり、分級（当時、教会学校では、礼拝の後、「分級」と言って、学年ごとに分かれるプログラムがありました）の時間に、担当の先生が他のメンバーに「今日じゅんちゃんが洗礼を受けます」と報告したところ、一人の先輩が「もったいない！」と叫びました。私はその言葉の意味がよくわからなかったのですが、よく聞いてみると「これからもっといい宗教に出会うかもしれないのに、こんなに早く一つの宗教に決めてしまうなんて、もったいない」という意味でした。

（注４）現在は、「教会学校」という名称は、脱「学校化」の観点から疑問を感じている教会も多く、「子どもの教会」など、「教会学校」という名称を用いていない教会も増えています。けれども、私が通っていた時代には「教会学校」という名称が用いられていたので、ここではこの名称を使います。

けれども、私には、先ほども述べたように、「神」という存在はキリスト教の神しかないと思いこんでいましたし、その他の宗教の存在は知ってはいたものの、自分自身との関係において考えたこともなかったため、これから先に自分自身が他の宗教に出会うかもしれないという発想がなかったので、この先輩の反応は思いもかけないことでした。

つまり、よく考えてみると、私は自分で一つの宗教を選んでいる訳ではないのです。もちろん、洗礼を受けてキリスト者になるということは自分で主体的に決めたことです。本当は母が一緒に受けると言っていたのですが、当時教会に通っていない母を見て、子ども心に「教会に行っていない人は洗礼を受けられるはずがない」と思っていましたので、中学一年生の時は洗礼を受けることをあきらめたのですが、中学二年生の時、「もう待てない！」と思い、自分一人で洗礼を受ける決意をしたのです（このことが後に、私が待てなかったために母が洗礼を受ける機会を奪ってしまったのだと長い間、自分自身を責めることとなりました。けれども、大学に入ってしばらくしてようやく「神様が母が洗礼を受けることを必要とされるのであれば、その時を与えられるだろう」と思えるようになりました）。

先にも述べたように、他の宗教と比べて、「キリスト教がよい！」と思って選んだのではありません。つまり、知らず知らずのうちに「神」という存在が「当たり前」と、幼い頃から「刷り込まれ」ていたのです。

もちろん「信仰」というのは、「この神しかいない！」という確信をもつことです。けれども、よく考えてみると、実は「宗教」というのは一つの「マインド・コントロール」なのかもしれません。特に私のように子どもの時からの場合、家族からも刷り込まれ、幼稚園での教育によって強化されたため、ほとんど自らが主体的に選びとったものではないのです。そのことを大学時代に実感させられました。私の大学は、キリスト教主義学校であったので、キリスト教精神に則って活動するクラブがありました。もともとキリスト者が中心となって始められたクラブでしたが、私が関わり始めた時は、ほとんどキリスト者はいませんでした。けれども「クラブ－キリスト教＝０」という不思議な公式があり、ノンクリスチャンの人たちが必死にキリスト教を守ろうとしていました。ですから、その仲間たちに「キリスト教について教えてほしい」と頼まれ、大学二年のクリスマスに入部しました。「キリスト教を信仰するということがわからない」と言う仲間たちの前で、私は「信じるということがわからない自分に戸惑《とまど》いました。

それほどまでに小さい時から刷り込まれてきたことにそのとき気づかされたのです。

マインド・コントロールとは

ここで「マインド・コントロール」について、触れておきたいと思います。「マインドコントロール」そのものは悪いものではありません。たとえば、「たばこをやめよう！」と決意し、それを実行するために行われるなど、マインド・コントロールをうまく利用することは私たちの生活の中でもあります。つまり、ここで問題なのは、「マインド・コントロール」の使い方なのです。「破壊的カルト」集団のように、それを悪用した場合に問題が生じるのです。よく「破壊的カルト」集団について語られる時、「洗脳」という言葉が使われますが、正確には「マインド・コントロール」の悪用であり、私たちはあまり「洗脳」という言葉は使いませんし、その言葉は適切に表しているとは考えていません。

今、「破壊的カルト」集団のようにと書きました。これまでは、既成の宗教においては、問題がないとされてきました。けれども、自らの信仰の歴史を振り返り、これまでキリスト教会が行ってきた手法を考えた時に、既成のキリスト教会は「マインド・コントロールの悪用」をしていないかといえば、決してそうは言い切れないと思います。既成のキリスト教会に生きる者はもう一度そのことを振り返り、反省する必要があると私は考えています（詳しくは後で述べたいと思います）。

2　セクシュアリティの立場

私は最初からセクシュアリティについて、正しい理解を持っていたわけではありません。むしろ、偏見と差別の固まりであったように思います。その私が、セクシュアリティについて、考えるに至った経緯からご説明いたします。

セクシュアリティというテーマに出会うまで

幼い頃から、親が厳しく、また家では兄たちから、学校でも友人たちからいじめられて育った私は「自己肯定感」のもてない子どもでした。自分でも自分自身のことを親が願う通りの「良い子」になれていないといつも思っていました。正直に言えば、私が洗礼を受けたきっかけも「洗礼を受けたら親の言うことを聞ける良い子になれるのでは」と思って、わらをもすがる思いで受けたことを覚えています。

けれども、洗礼を受けても何も変わりませんでした。変われなかった自分にショックを覚えました。洗礼を受け、キリスト者になるということは「立派な人間になる」「良い子になる」ということではなく、こんな私でも神様が愛してくださって、生きる価値のある大事な存在なのだということ、そしてそのことを知るためにイエス・キリストという方がおられるのだということを知るまでにかなりの時間がかかりました。

そのように自分に肯定感の持てない私は、知らず知らずのうちに幼い頃から人の役に立ちたいと思うようになりました。けれども、そのころの私は、その理由が自己肯定感が持てないことによる「良い子ちゃん症候群」によるものではなく、幼稚園からのキリスト教教育のおかげだと自分で美化をしてしまっていました。

小学六年生の時、小学校のクラスで、星野富弘さんの『心の旅』『愛深き淵より』という本に出会い、心が揺さぶられる体験をします。そして、中学受験の面接の際、「将来の夢は?」という問いに「看護師」と答えます。

中学受験に失敗し、公立中学に通い始めた私は、中学一年の時、学校で岩村昇医師の講演をお聞きする機会が与えられました。岩村医師より、ネパールの医療の現状を知り、愕然としました。講演が終わった後、校長室まで行き、岩村先生と直接お話をさせていただきました。そして後日、岩村先生に「看護師になってネパールへ行く」と決意した手紙を送りました。

中学三年になって、教会でハンセン病について知る機会が与えられました。日本におけるハンセン病の歴史を知ったとき、「ネパールまでいかなくても日本でもするべきことがある!」と思い、それから療養所に通い続けました。療養所を訪れる前の私は「かわいそうな人のところに行く」。社会の差別や偏見と闘うぞ」と意気込んで出かけました。けれども、療養所で出会った人たちの顔は輝いていました。本当は日常生活ではほとんど感染することのない、菌の培養ですら未だに成功していないほど微弱な感染症を、無知と偏見のために感染力の強い「恐ろしい病気」と誤解され、政府によって強制的に隔離され、家族とのつながりも絶たれ、名前も戸籍も奪われ、「遺伝病」という誤解から「優生保護法」(現在の「母体保護法」)によって子どもを生む権利まで奪われた療養所の人たちは、私に「神の愛」を教えてくださいました。この出会いによって私は「かわいそうな人のために何かをする」というのが「奉仕」ではないということを知ります。よく「慰問」という言葉が使われますが、まさに「慰め」に行ったはずの私が慰められ、勇気づけられて帰ってきたのです。それからの私は引きつけられるように、療養所に通い続けました。

この療養所との出会いで私の価値観は大きく変わりました。これまでのキリスト教の「奉仕」という概念が、自分よりもかわいそうな人を作り、その人のために何かをしてあげることがよいことだという間違った概念を持ってきたように思われます。つまり、上から下への援助型の支援だったのです。けれども、それは奉仕する側の自己満足でしかないのです。そのことは後に大学生になってから、「共に生きる」ということは、「to do something for someone」（誰かのために何かをする）ではなく、「to be with someone」（誰かと共にいる）ということであることを学びます。

つまり、人のために良いことをしたから、神の子どもとしてふさわしくなるのではないのです。人のために役に立っても立たなくても、どんな人間であっても、神様にとって、かけがえのない愛されるべき存在であり、生きる意味が神によって与えられているということを療養所の教会の人たちとの出会いの中で知らされたのです。

そして高校二年の時、私の生まれ育った神戸などにおいて、ＡＩＤＳパニックが起こります。そのときのニュースをテレビで見た瞬間、私はとっさに「同じ過ちが繰り返される！」という不安を覚えました。それは、かつての日本がハンセン病に対する誤解と偏見により、ハンセン病と共に生きる人やその家族にしたのと同じ過ちが繰り返されるのではという不安を覚えたのです。そして、療養所と出会った者の責任としてそのことを伝えていかなければという使命を感じました。

それからＡＩＤＳの問題に取り組もうという決意を持ちました。ですから、大学に入って、機会があるごとにそのことを訴えてはきましたが、これといった具体的な取り組みはなかなかできずにいました。数年が過ぎ、牧師になって二年目、ふとしたきっかけから日本基督教団兵庫教区各種伝道委員会のメンバーに加わりました。加わってすぐに、その委員会の中で「今度、京都で京都教区宣教師部委員会主催の『ＨＩＶ／ＡＩＤＳワークショップ』が行われる」ということを知らされました。ＨＩＶ／ＡＩＤＳについての具体的な取り組みのきっかけがつかめるかという思いをもって、参加しました。そのワークショップの裏テーマが「セクシュアリティ」だったのです。

セクシュアリティとの出会い

そんなこととは知らずに参加した私は大きなショックを受け、一人でパニックを起こしていました。ワークショップが終わってから、その会のスタッフをしていた方々にはいろいろとお世話になったのですが、ある人はその会に参加した時の私の様子をよく覚えていてくださって

「間違って来たんだなあと思った」と話してくれました。

それは、それまでの私が、それだけ「性」に対して保守的な考えしか持っていなかったということです。

仕事の関係で少し遅れた私は、最初のプログラムである礼拝の途中で会場に入りました。開会礼拝としてスライドショーが行われていたので、真っ暗な会場に入り、案内されるままに空いていた席につきました。そのスライドはＡＩＤＳで天に召された一人の人を紹介していたのですが、そのスライドの中で紹介された言葉のいくつかに大きな衝撃を覚えました。中でも、「あなたの常識はわたしの非常識、あなたの非常識はわたしの常識」という言葉がとても印象に残りました。スライドが終わって、明かりがつき、讃美歌を歌うとき、隣に座っていた人に讃美歌を見せてもらいました。礼拝が終わって、二人の方の発題を聞きました。一人目は同じ教区から参加した私の友人で血友病の当事者の立場から薬害ＡＩＤＳについて話をされました。友人が話し終わった後、司会者が「では次にセクシュアリティについて話していただきます」と言われた瞬間、私の隣に座っていた人がすっくと立ち上がり、前に歩いていかれました。その人が前に出て、座られるまでのほんのわずかな時間に私はパニックを起こしていました。「私の隣に座っていた人が同性愛者だったなんて」（注：そのときの私はまだ、セクシュアル・マイノリティといえば、「男性同性愛者」というイメージしかなかったのです）「どうしよう。讃美歌なんか見せてもらっていた」と。

けれども、その人が前に座った瞬間「あれ？　どっかで会ったことがある」と思いました。そうです。その人は初めて会った人ではありませんでした。そこでその人は自分の教会での体験を中心に話されたのですが、そこでは具体的な名前はすべてふせられていましたが、私にはそこで話される登場人物が誰であるのか、聞かなくても想像することができました。つまり、そのときまで、テレビの中でしか聞いたことのないフィクションの世界であった「同性愛」が私の身近な出来事として私自身に迫ってきたのです。そこでまた私はパニックを起こしていきました。

よく、「セクシュアル・マイノリティは私たちの近くにはいませんから」という言葉を耳にします。けれども、本当は私たちの近くに「いない」のではなく、私たちのすぐ近くにいるということに私たちが「気づいていない」だけなのです。その人が「私たち」にそのことをうち明けることができずにいるということなのです。そのことを私は後に知っていくのですが、そのときまでの私はまさに「自分の近くにはいない」と思いこんでいたのです。

一日目の夜、プログラムが終わって、友人達と話をしていたのですが、そのときもまだ私は混乱したままでした。そんな中で友人が「どうして教会でセクシュアリティの話ができないのだろう」とつぶやいたときに、私は心の中で「そんなんできるわけないやん！　すべきでない！」と、とっさに思ったことを今でも思い出します。

このように、それまでの私は、保守的な考えを持っていて、「性については話すべきではない」

と思っていました。「まして教会の中で話すなんて、とんでもない！」と。

そして、二日目のプログラムの中で、自分の性の歴史を振り返る機会が与えられました。いろんな参加者の話を聞きながら、自分自身のこれまでの性に関する考え方を振り返りながら、「性のことは恥ずかしいこと」「隠すべきこと」と思い込まされたことに、そしてそれは、親や社会からの教育の影響であることに気づかされました。同時にキリスト教会の影響であることも。自らを振り返ってみると、私は、当時の小学生の中では、成長が早かった（と自分では思い込まされてきたけれども、他の人と比べた訳ではないので、これもまことしやかな思い込みかもしれません）ようで、小学校四年生の一学期に健康診断の際、尿検査にひっかかり、医師から「もうすぐ生理がはじまりますよ」と言われました。そのときから、母親から「生理は隠さなければならないことですよ」と教わり、そして、実際に生理が始まってからも、徹底的にたたき込まれました。

そんな風に振り返ったときに、「私が昨日ショックを受けたのは、『同性愛』を恥ずかしいと思う以前に、『性』そのものを恥ずかしいと思い込まされてきたからなのだ」ということに気づきました。それから、「『性』そのものを『恥ずかしい』と思ってしまうと、『性』を持って生まれてきた私自身も、『性』をもって今生きている私自身も恥ずかしい、隠さなければならない存在になってしまう」ことに気づかされたのです。

そして、そのプログラムが終わるときに、ファリシテーター（助言者）の一人が、「この本を読んだらいいよ」と池上千寿子さんの『アダムとイブのやぶにらみ』(注5)を紹介してくださいました。それから後もそのファシリテーターの方にはお世話になっているのですが、だいぶ経ってから、そのときの様子を振り返って、「なんかあの人は変わろうとしているって思ったんだよ」と話してくださいました。それぐらい、私にとって、そのプログラムは、これまでの自分を振り返り、いろんなことに気づかされ、解放された瞬間でした。

そのワークショップの最後に、ようやく一日目に発題をされた方に声をかけることができました。そして、お互いがかつてからの知人であることを確認することができました。

ワークショップが終わってからもまだ混乱したままでした。まさに、最初のスライドショーの言葉の通り、「あなたの常識はわたしの非常識、あなたの非常識はわたしの常識」ということがわかりました。これまで、「常識」とか「当たり前」ということが、思い込まされてきたものにすぎず、一つのものさしではかったものにすぎないこと、それが相手にとっては「非常識」かもしれないということを知りました。そして、一緒に参加した友人と帰りながら、自分たちが感じたことを分かち合うことができました。その場で言葉化して、人に伝え、気持ちを整理することができたことは、とてもよかったと今振り返って思います。数年前に、他の友人に「言葉化出来るということは自分の身に引き受けられるということだ」と言われたことがあります。また、ピアカウンセリング(注6)と出会い「話すことによって、頭が回るようになり、自然に何をしなければならないかが見えてくる」ということも学びました。そう考えると、あのとき混乱したまま家に帰るのではなく、友人の家で語り合ったからこそ、今の私があるのかもしれません。そのような仲間が与えられていたことに感謝をしています。

セクシュアリティと出会ってから

京都から帰った私と友人は、「自分の身近な人にも伝えたい！」という思いから、兵庫教区各種伝道委員会の中に「ＡＩＤＳプロジェクト」を立ち上げ、その手始めに自分たちが体験したようなワークショップを行おうと動き始めました。

その準備をする中で、京都のワークショップで出会ったＬＧＢＴ(注7)の方々と再会することができましたし、友人の紹介により、あらたに協力してくださるＬＧＢＴの方々と出会うこともできました。

（注５）池上千寿子『アダムとイブのやぶにらみ――刺激的ヒューマンウォッチングのすすめ』（はまの出版、一九九六年）

（注６）ピアカウンセリングとは、ピア（peer）とは「同士」という意味なので、同じ立場の者同士が対等な立場でカウンセリングしあうカウンセリング方法のこと。日本には「障害」者が持ち込みましたが、今では同性愛者同士、女性同士、トランスセクシュアル同士などでも行われています。

（注７）ＬＧＢＴ：レズビアン、ゲイ、バイセクシュアル及びトランスセクシュアルの略。セクシュアル・マイノリティという言葉では、それぞれのセクシュアリティの違いや、セクシュアル・マイノリティの中でのレズビアンなどの「不可視性」などが見落とされることから、あえてこの言葉を用いている当事者もおられます。

きました。

それからしばらくして、私の所属する日本基督教団において、同性愛者に対する差別事件が起こりました。一九九八年一月、日本基督教団の総会に次ぐ議決機関である「常議員会」において、「ホモセクシュアルのビヘイビア(注8)を持った人が教師試験(注9)を受けたと聞いている。簡単には承認しないでいただきたい」という旨の発言が一人の常議員から発せられ、すぐにその場で「差別発言である」と抗議が行われました。私は、その場にはいなかったのですが、直後に出された教団の新聞である『教団新報』でその事件を知り、激しい憤りを感じました。

それから数日して、京都のワークショップで再会した友人から電話がかかってきました。その友人は共通の友人から『教団新報』を見せてもらい、怒りを覚えたようで、私のことを思い出して電話をしてきてくれました。「一緒に戦おうね！」と。

すぐに、日本基督教団に対して、三〇以上の教区や有志のグループから、先の発言が差別発言であること、それに対する教団としての誠実な対応を求める抗議文や要望書が出され、会議の場所でも問題にしてきましたが、それに対して、教団議長及び常議員会は、誠意ある対応をしませんでした。

そして、同じ年の十一月に開催された教団総会の席上で、ある牧師が実名で「同性愛者の教師の資格について」というタイトルの差別文書が議場に配布されました。そこでは、同性愛者だけではなく、「性転換」（この文章の中でこの言葉が使われているので、そのまま用いますことをお許しください）についても、無理解と偏見に基づく内容が書きつづられていました。この文書に対しても、その場で抗議が行われましたが聞き入れられず、「常議員会」に場所を移し、問題を明らかにし、教団としての対応を求めました。けれども、それから七年たった今も、教団議長ならびに教団常議員会はこの発言は差別かどうかまだわからないとし、未だに誠意ある態度をとろうとしていません。それどころか「差別と決めつけることが差別だ」とあたかも差別発言をした人が「被害者」であるかのような問題のすりかえが行われています。そのことに対し、今も問題提起がし続けられています。(注10)

そのうえ、日本基督教団は、二〇〇二年十月に行われた教団総会において、この間、同性愛

（注８）「ビヘイビア」：〝behavior〟「行為、ふるまい、態度」の意。この言葉から、「同性愛」に対する誤解と偏見に基づいた発言であることがわかります。

（注９）日本基督教団の牧師になるための試験のこと。日本基督教団では牧師のことを「教師」と呼びます。

（注10）このことについては堀江有里さんが『福音と世界』などにおいて詳しく述べて下さっています。堀江有里『レズビアンという生き方４』「福音と世界」二〇〇二年九月号、『レズビアンという生き方５』「福音と世界」二〇〇二年十月号、『レズビアンという生き方７』「福音と世界」二〇〇三年一月号、『レズビアンという生き方14』「福音と世界」二〇〇三年八月号、『レズビアンという生き方21』「福音と世界」二〇〇四年四月号。いずれも新教出版社。

者をはじめとするセクシュアル・マイノリティ差別と戦ってきた一つの窓口である「性差別問題特別委員会」を消滅させてしまいました。

このように日本基督教団としては、憂うべき状況が続いていますが、その一方で、教団に対する取り組みの中で、あらたにいろんなＬＧＢＴの人たちと出会うことができましたし、教団の中にも、教団だけの問題ではなく、自分たちの身近な教会や教区の問題だと思い、取り組みをはじめているところもあります。

もちろん、すべての教会が、セクシュアリティについて、正しい知識と理解を持っているかというと、悲しいけれどもまだまだそうではありません。けれども、その中で、少しずつ理解を深めようとしているところもあります。(注11)

自分自身のセクシュアリティ

(1)　性的指向(注12)について……

京都から帰ってからの私は、はじめのうちは、自分自身のセクシュアリティというよりもむしろ「セクシュアリティについての理解を深めなければ、そのことの大切さを訴えていかなければ」という思いの方が強かったように思います。

けれども、しばらくして、「自分自身のセクシュアリティは？」という疑問が自分の中に浮かんできました。これまでの私は「自分は異性愛者である」と思い込んできました。正確に言えばそれまでの私は「異性愛者」なんて言葉すら知りませんでしたし、自分が「異性愛者」か「同性愛者」かどちらであるかを確認して「異性愛者だ！」と認識した訳でもなく、ただそう思い込んできただけでした。というより、それ以外のことを考えることすら許されずに来ました。

　そんな私が、まず、自分自身がレズビアンだったらどうしようという「不安」を抱きました。何故、そんな風に「不安」に思ったのかはよくわかりません。おそらく、ワークショップに参加するまでの私は「同性愛者」に対して知らず知らずの内に「嫌悪感」を抱かされていたので、自分自身がそうであるということは考えることも出来なかったのでしょう。しかも今まで男の子を好きになったことがあるのに「レズビアンではないか？」と思ったということは、その時

（注11）東京のセクシュアル・マイノリティ・クリスチャンの集まりである「キリストの風」集会が、二〇〇三年に日本基督教団だけではなく、いくつかの教派や教団の各教会・伝道所に対してアンケートを行い、その回答をもとに、セクシュアル・マイノリティが「安心して行ける教会」のリストをインターネットにアップしています。「キリストの風」集会の URL = http://church.jp/kaze/
　その他、セクシュアル・マイノリティのキリスト教のコミュニティとして、京都では「信仰とセクシュアリティを考えるキリスト者の会（ＥＣＱＡ）」が、例会やニュースレターの発行などの活動を行っています。E-mail：ecqa_yh@ybb.ne.jp
（注12）性的指向とは、自分の性的意識の向く方向であり、同性、異性、両性に分かれます。自分の意志で変更・選択できるものではないと言われています。それ故、「志向」「嗜好」という文字は基本的には用いません。

点ではまだ「バイセクシュアル」(注13)ということが理解できていなかったのではないかと思います。

けれども、それからまたしばらくして、よくよく振り返ってみると、中学や高校の時に、女の子に対して、男の子に対するのと同じ感情を抱いたことがあることを思い出しました。けれども、そのときには「あの子は女の子やん。そんなんおかしいやん」と無意識のうちに自分の気持ちに蓋をしてきたこと、絶対に人に気づかれてはならないと思ったことも少しずつ思い出すようになりました。

そして、自分は「バイセクシュアル」ではないかという疑問が浮かび始めました。けれども自分自身でもなかなかそのことを受けとめることができず、はっきりと自分自身のセクシュアリティについて受け入れられるまでに数年かかりました。すでに「一〇〇人いれば一〇〇通りの性がある」ということは教えていただいていたのですが、自分自身のセクシュアリティについて、そのことをあてはめることができずにいたのです。そのころの私は、京都教区や兵庫教区のワークショップで出会った当事者の友人達に会いに行っては、自分の言葉にならないもやもやした気持ちを聞いてもらい、アドバイスをしていただいたものでした。その中で、一人のゲイの友人から「そんなんセクシュアリティなんてあなたの一部分でしかないんだから」と言われたこともあります。そのことを別のゲイの友人に話したところ、「でも社会はそれを『一部』とは見てくれないんですよね。それを『全部』のように見るんですよね」と言われたこともありました。

また、別の友人からは「あなたは『ゆらぎ』なんだから、無理にカテゴリーの中に入ることはないのよ。揺らいでなさい」と言われたこともありました。けれども、そのときの私は、自分で自分のことがわからず、どこに属しているかもわからない自分に居心地の悪さを感じていました。そのことから考えてみると、やはり私たちの社会は所属意識が強く、一定のカテゴリーを作り、その中に入ることで安心感を覚えるものであることがわかります。

そして、何年も経って、ゲイの友人が講演の中で「セクシュアリティは自己申告制。他人がセクシュアリティを決めることはできない」と言われ、とても気が楽になりました。

その日から、「自分は自分でいい。一〇〇人いれば一〇〇通りの性があって、私には私にしかないセクシュアリティがある。だから、他の人になんといわれようと、自信を持って生きればよい！」と思えるようになりました。

何故、自分で自分がよくわからなかったのかということを考えてみると、自分と同じバイセクシュアルの人と出会ったことがなかったからかもしれません。バイセクシュアルということがどういうことかがよくわからずにいたのです。よくレズビアン、ゲイの人たちから「二十代後半になるまで自分と同じセクシュアリティの人に出会ったことがなかった」などという言葉を聞いたことがありますが、私自身が自分と同じバイセクシュアルの人に出会うことができた

（注13）バイセクシュアルとは、性的指向が「両性」に向く人のことを表す言葉です。

のは三十歳すぎてからでした。二〇〇一年の夏、東京レズビアン&ゲイパレードに参加をしました。その前日にアカー（動くゲイとレズビアンの会）とLOUD（レズビアンとバイセクシュアル女性のためのセンター）の主催で行われた「サークルレセプション」(注14)で出会った人たちと話をしていて、「自分はバイセクシュアルだ」とカミングアウトする人たちに出会い、初めてほっとしたのを覚えています。

そして、その二日後、教団の関係の集会で自らがセクシュアル・マイノリティの当事者であること（その時は、バイセクシュアルとはっきりカミングアウトする勇気がなく、セクシュアル・マイノリティという言葉を使いました）をカミングアウトしました。その前日、ゲイの友人に「明日集会でカミングアウトをするかもしれない」と話したところ、「祈っているよ」と言ってくださいました。カミングアウトした夜「無事に終わったよ」と報告の電話をしたところ、その友人は一言「息ができるようになったでしょ」と言ってくれました。その言葉を聞いた瞬間に、肩の力が抜けたことに気づかされました。以前より少し自分が楽になったことに。

よくカミングアウトという言葉の説明の際、「最初のカミングアウトは自分自身に対してする」という言葉を聞きますが、「まさにその通りだ！」とそのとき思いました。

その集会でも「カミングアウトできない当事者がいることも知ってほしい」と訴えましたが、それからしばらくの間、ほとんどカミングアウトをすることができないまま、数年が過ぎましたし、今でも一部の人にしか話しておらず、すべての人が知っている訳ではありません。

ゲイの友人から「ゲイの中には、そのことを知られたら、生きていけなくなると思っている人もいるんだよ」という話を聞いたことがありますが、私自身も自分のセクシュアリティをカミングアウトとしてしまうと、そのことで自分の存在すべてが否定されてしまうのではという恐怖があったのです。

セクシュアリティについて悩み始めたころは、「カミングアウトをしなければならないのではないだろうか」と焦っていた時期もありました。そのときにはゲイの友人が「必要ならばきっとその時が与えられますよ。今は時じゃないんですよ。だから焦らなくてもいいんですよ」と励ましてくださいました。ですから、今では必要であるならば、その時が与えられるだろうと思っています。

けれども、最近では「セクシュアリティは私の一部でしかないのだから、そのことをあえてかならず言わなければならないことではない」と思えるようになってきました。

（注14）カミングアウトとは、〝Coming out of the Closet〟の略。「カムアウト」とも言います。

セクシュアリティを隠している状態を「おしいれに入る」ことにたとえることから、セクシャル・マイノリティの人たちが、自分自身を肯定的に受け入れた上で、自分自身のことを自分以外の人に告白し、相手との関係性を変えていくことを「クローゼットから出る」ことにたとえています。「最初のカミングアウトは自分に対して行われる」と言われることもあります。つまりマスコミなどで使われているような「秘密の告白・曝露」とは違う意味なのです。

それからしばらくは「バイセクシュアル」という言葉しか知りませんでしたので、自分はそれが一番近いと思っていました。後に「バイセクシュアル」は「性別二分法」に則ったものであることから、セクシュアリティは男女の二種類ではないという視点に立って、男女だけではなく、すべての性別に性的指向が向くことを「ポリセクシュアル」と表すことを知りました。それ以来、自分自身のセクシュアリティとしては、「ポリセクシュアル」であると認識しています。

(2) 性自認（注15）について

このようにまず、性的指向についての揺らぎを体験しましたが、自分の性自認については長いこと疑うことはありませんでした。京都のワークショップに参加した時に、紹介してもらった『アダムとイブのやぶにらみ』の中に、性別もボーダレスな面があること、八二人の人に自分の男性度と女性度の比率について自己採点してもらった結果のデータを見て、一〇〇％男性、一〇〇％女性と思っている人もいれば、そうでない人もいて、それぞれの性自認にもグラデーションがあることは知っていましたし（池上千寿子『アダムとイブのやぶにらみ――刺激的ヒューマン・ウオッチングのすすめ』はまの出版、一九九六年、五四～六三頁）、トランスセクシュアルの友人もでき、話は聞いていましたが、自分自身の性自認を考えるまでにはしばらくかかりました。

けれども、数年前にふとしたきっかけで、スーツを着てネクタイを締めた時に、自分の中の「おっさん」（何故かそう思ったのです）が喜ぶことに気づかされました。そのとき、そばにいたゲイの友人に、「自分自身のセクシュアリティを見つけ、名前をつけたらいいんだよ」と教えてもらい、それから、機会があれば、ネクタイを締めるようにはなっていたのですが、それは「トライ・ベスタイト」と勝手に名付け、自分自身に合ったスタイルをすればよいと思っていました。

それが、今からちょうど一年半ほど前に、自分の性自認について「揺らぎ」を感じはじめました。そして、自分自身が男二人の下に生まれ、周りの親戚から「あなたはお母さんがほしくてほしくて仕方のなかった女の子なのよ」と言われて育ったことを思い起こしました。けれども、小学生の高学年の頃には、「自分は他の女の子とは違う。男に近い存在だ」と認識していたことを思い出しました。それは、女の子といるよりも男の子といる方が気持ちが楽だったからです。

それまで、出会ったトランスセクシュアルの人たちからは「自分のことを男だ／女だと気がついたのは物心ついたころです」という話を聞いて、性別違和というのは、幼い頃に気づくものだと思いこんでいました。けれども、性別違和について、二十代後半で気づいたという方の

（注15）性自認とは、生物学的な「性」と関係なく、自分で自分の「性」をどのように認識しているか、その認識の仕方。

お話を聞いて、物心ついた頃よりももっと後になって、自分がトランスジェンダーだと気づくケースもあることを知りました。

つまり私自身の性自認はまだ揺らぎの段階です。自分は「男ではないか」と思った時期もありましたが、今では「女」である自分を感じる時もあるので自分自身でカムアウトするときは、「バイジェンダー」もしくは両方の性を行き来するという意味で「広義のトランスジェンダー」(注16)という言葉を使っています。

ですが、これも「性的指向」と同様で、あえてどちらかのカテゴリーに入らなければならないというわけではないので、「しっかり揺らいでおこう!」と今は思っています。

このような自分自身の体験から、性別の縛りというのは、想像以上に根深いことを実感させられています。

（注16）トランスセクシュアル、トランスジェンダーについては、一一六頁の虎井さんの説明をご参照下さい。なお「広義のトランスジェンダー」とは、両方の性を行き来する人や、トランスセクシュアル、トランスヴェスタイト（異性装）も含みます。

第2章

それぞれの視点から

1　セクシュアリティとは

「性」に対するタブー

ここ最近、性教育などに対するバッシングが各地で激しくなってきています。私が住んでいる広島でも市議会や県議会において、性教育に対するバッシングに基づく発言が議員からなされています。その際、それまでおだやかに話していた議員が、そのテーマになった瞬間に、突然興奮し、憤慨しながら、発言している姿に驚きました。何故そこまで興奮するのか、何故穏やかに話せないのかと一瞬不思議に思ったのですが、おそらくそれはこれまで「性」に対して語ることが許されてこなかったからかもしれません。

私たちの社会の中には、「性」についてのタブーがあり、なかなか語ることが許されてきませんでした。そんな中で「性」のことを口にするときは、飲んだ席で「猥談《わいだん》」というような形で、おもしろおかしく話すことが多いように思われます。私は、二〇〇〇年十月に「わたしたちの性と生を語る会・広島」という会を仲間たちと一緒に立ち上げ、現在に至るまで毎月一度例会を行っています。それは、私たちが生活の中で、なかなか性について安心して話すことが出来る場が少ないことから、安心して話せる場所を保証しようという思いで始まりました。とにかく、そこに来れば誰かがいて、安心して、自由に「性」について話せるようにしたいと思い、今日まで続けてきました。

では、なぜ私たちの社会においては、なかなか性について語ることが許されてこなかったのでしょうか？

本当は「性」というのは、「命」「存在」に関わることであり、きちんと子ども達に伝えなければならないことであるはずなのに、そのことはなるべく触れずに、触れる場合はごまかして伝えるということが多いのではないでしょうか？　印象的だったのが、十年ぐらい前ですが、あるテレビドラマで、幼稚園に通う子どもから「私はどうやって生まれてきたの？」と聞かれた母親がどのように伝えてよいか思い悩むという場面がありました。その母親は周りの人たちに相談し、結局「子どもにしかわからないお母さんとのドアがあって、そのドアから生まれてきた」という風にぼやかした形で子どもに答えて「めでたしめでたし」という結末でした。

また、先日あるテレビ番組で、昔話の桃太郎はもともと桃から生まれたのではなく、桃を食べて若返ったおじいさんとおばあさんとの間に生まれた子どもであるということをとりあげていました。では、何故桃から生まれたことになったのかというと、それは国定教科書に載せるときに、桃から生まれたという内容に変えられたそうです。では、何故そのような改ざんが行われたのか？　という問いに対して、取材を受けた桃太郎資料館の方は、「子どもの『あかちゃんはどこから生まれるの？』という問いに答えられないでしょう」と笑って答えられていました。つまり、国定教科書が作られた時、すでに「性」についてはタブーとし、ごまかして隠すということが一般化されてしまったのではないでしょうか。

けれども、そのごまかす姿勢が、どこかで子どもたちに「性は恥ずかしいもの。隠さなければならないもの。ごまかさなければならないもの」という印象を与えてしまうのです。そして、私自身がそう思いこんでいたように、性を持って生まれてきた自分を恥ずかしい存在と自分自身を必要以上におとしめてしまう結果を生みだしてしまうのです。

キリスト教会における性のタブー

そして、このような「性」についてのタブーは日本の社会の中だけではなく、キリスト教会の中でも根強く残っています。Ｉ部第１章で述べたように、私自身も長い間、教会で性について話すべきではないと思ってきました。

一九九四年に兵庫教区各種伝道委員会が『わたしの中のエイズ』という小冊子を作った際に、「性についてはなるべく書かないように」という指示があったと聞いています。それは、「性について書くと教会では読んでもらえないから」という理由だったそうです。けれども、性感染症であるＡＩＤＳについて語る時に、「性には触れずにすませよう」ということ自体が、どだい無理な話で、大切なことが抜け落ちてしまうのではないかと思います。ですから当時、編集に関わった友人はもどかしさを感じていたようです。

また、以前、教会の知人に「きっと教会員の中にも人工中絶をしたことのある人や性暴力を受けた体験をもった人はいるだろう。でもそのことを教会で聞いたことがない」と言われたことがあり、まさにその通りだと思いました。そういう悩みを持った時に、教会でそのことをうち明けることができ、そのとき教会はその相談に親身にのることができる場所だろうかと考えさせられました。そして、それは難しいのが現実だとその時に痛感しました。

キリスト教会における「性」

では、教会では「性」について全く語られてこなかったのでしょうか。決してそうではありません。聖書の中には、性的な事柄にまつわる物語はたくさんあります。ですから、礼拝においても、聖書の中に書かれている性的な物語を語られることは多くあります。けれども、そこでの取り上げられ方には、かなり偏《かたよ》りがあるように思われます。

たとえば、典型的なものとしては、イエス・キリストの誕生を「処女降誕」として、イエス・キリストはセックス（性行為）を伴わず、聖霊によって与えられた命として、「聖なるもの」として持ち上げてしまいます。実は、ここには大きな解釈の間違いがあるのです。処女降誕の根拠となった旧約の言葉は「若い女性」を意味する言葉であって、性的な意味の「処女」を指す言葉ではありません。当時「処女」という意味の言葉は別に存在していました。ですから、「処女降誕」にこだわる必要性は全くないのです。しかも、旧約の預言は「特定の時、特定の状況に生きる特定の人に与えられた特定の神の言葉」であり、遠い未来を予知する言葉ではありません。イザヤ書が書かれた時代に生きた人にとって、そんな未来の話をされても何の意味もないのです。にもかかわらず、「処女降誕」にこだわっているのは、イエス・キリストを「神の子」として、特別な存在にしなければならなかったからだと思いますし、そこには「性」を「汚れたもの」とする偏見があり、それを伴わない「生」をもって生まれたイエスという存在を「聖なる存在」と特化したかったのではないかと思います。つまり、この「処女降誕」という物語にもキリスト教会の教義に伴う思惑があり、意図的に作り上げられた物語なのです。(注1)

また、なかなか子どもを産むことのできない女性の姿が描かれているアブラハムの妻サラやイサクの妻リベカ、新約ではバプテスマのヨハネの母エリザベトの物語などを用いて、その女性に子どもが与えられることを「神の祝福」として語ってきました。けれども、その背後にある高齢者の性の問題に向き合ってきたわけではありません。しかもそのような箇所を用いて子どもができない女性の現状を「罪の結果」とする説教がなされているという悲しい現実もあります。

その他にも、旧約のホセア書に登場するゴメルを「夫を裏切り続ける女性」として描き、それでも彼女をゆるし続けるホセアの姿を「神の愛」にだぶらせて語られてきました。けれども、ホセア書をよく読むとゴメルという女性がどのような女性であったかということははっきりわかっていません。つまり、この場合も、意図的に解釈されたものにすぎないのです。

有名なところでは、新約に登場する「マグダラのマリア」を「遊女」とし、ルカによる福音書七章に登場する「罪深い女」を「娼婦」と解釈してきたのです。また、神を裏切り続けるイスラエルを女性形の単語で表し、「姦淫《かんいん》」にたとえてきました。

このように神の愛や救いを誇張するために、あえて女性をおとしめてきた解釈の歴史があります。そのおとしめた女性を救うことによって、神の愛の深さを強調しようとしてきたのです。そのための「道具」として「女性」という「性」や「女性」の持つ「性」が利用されてきた。それは、すべて聖書そのものがそのように書かれているのではなく、後のキリスト教会がその歴史において行ってきた解釈にすぎないのです。

このように、「性」にまつわる物語は、読み飛ばされたり、自分たちの都合のよいように解釈され、利用されてきたのです。それは、聖書という書物がいわゆる「男性中心社会」においいて形成され、異性愛者の「男性」の中流階級の人たちによって書かれ、編集され、解釈されてきたからなのです。ですから、女性の視点やセクシュアル・マイノリティの視点による読み直しが必要であり、今それがなされはじめています。

先ほど私は、「社会の中だけではなく、キリスト教会の中にも性のタブーは残っている」と

（注１）マタイによる福音書一章においては、イザヤ書七：一四の言葉が、イエスは旧約からの預言の成就であることを示すために引用されています。「見よ、おとめが身ごもって男の子を産む。その名はインマヌエルと呼ばれる」という言葉ですが、ここでの「おとめ」という言葉が処女降誕の意味であると解釈されてきましたが、イザヤ書のもともとの意味はそうではありません。旧約が書かれた文字であるヘブル語においては、この「おとめ」と訳されている言葉は、「若い女性」を意味する言葉であって、「処女」を表す言葉は別に存在しました。このイザヤ書の言葉の歴史的背景は、当時、イスラエル王国は南北に分裂しており、当時の北王国エフライムはシリアと同盟を結び、南王国ユダを攻撃しようとしていました。そのとき、神はユダの王アハズのもとに預言者イザヤを遣わされました。けれども、イザヤの言葉に耳を傾けず、アハズはアッシリア帝国に援軍要請をしていました。そのことに気づいたイザヤは目の前を通った当時妊娠していた女性を指さし「あの人のおなかの中にいる子どもが生まれてくるころには、神がイスラエルと共におられるが故に裁きを与え、貧しい食事しかとれない状況になっているだろう」と預言したのです。つまり、インマヌエル預言は、もともとは救い主の誕生の預言と言うよりイスラエルに対する裁きの預言なのです。そのイザヤの預言をイエスの誕生の根拠にしたのは、イエスがイザヤが預言しているような、ダビデの子孫であり、旧約で預言され、待ち望まれてきた救い主であることを表そうとしたからなのです。

書きましたが、正確に言えば、社会の中のタブーを支えてきたのは、キリスト教会なのです。

性について語る意味

『司祭』いう映画の原作本の「訳者あとがき」の中でこの本を翻訳した実川元子さんは、この映画を「聖職者のタブーに挑戦した意欲作」として紹介し、監督であるジミー・マクガヴァーンについて、以下のように紹介しています。

マクガヴァーンは、カトリックの家庭で生まれ、カトリックの学校で教育を受けたにもかかわらず、タブーに堂々と挑戦した。カトリックの教えを子どものころからたたきこまれた人でなくては、これほど血の出るほどまでに深くタブーに切りこめたかどうか。マクガヴァーンは『アイリッシュ・タイムズ』でのインタビューで、カトリックの教えを受けて育った者の性に対する感情について、以下のように語っている。

「十四、五歳の多感な時期に当然興味を惹かれて大好きになるべき事柄を、徹底的に忌み嫌うようにと教えこまれた。いまになってふり返ってみると、性にまつわる事柄は学ぶべき価値があったはずだ」

「大好きになるべき事柄」とは、つまり性に関することである。性に関心がめばえる青少年期に、「結婚して子どもを作る以外の性は汚いものだ」と教えこまれてしまうと、成長しても性への拒否感がつきまとう。現代のように、性に関する情報があふれた社会と向き合わざるをえないとき、摩擦は大きい。マクガヴァーンは自身が折にふれて感じていたそんな摩擦を、主人公グレッグを通じて表現したかったのかもしれない。

（ジミー・マクガヴァーン著／実川元子訳『司祭』徳間書店、一九九六年、二六六～二六七頁）

これは、カトリック教会だけではなく、プロテスタント教会においても言えることであるし、同時に社会においても同じことが言えるのではないでしょうか。

先に述べたように現在激しさを増している性教育バッシングは「性器の名前を教えるなんて」とか、「性行為を奨励している」と一方的に批判されていますが、それらのバッシングのほとんどが誤解と偏見に基づくものであり、もっと言えば一つの立場や思想から意図的に歪曲されたものなのです。

私自身の経験から考えてみても、自分の「性」や「からだ」のことはもっと早くから、もっと正しく知るべきであったと思いますし、マクガヴァーンの指摘するように、性にまつわる事柄は学ぶべき価値があるものであると思うのです。私はそれを教えられてこなかったことをとても残念に思っています。もし、正しく教えられてきたら、自分自身の性も含めて、もっと自分自身を好きになれていたのではないかと思うのです。

では何故性にまつわる事柄を教えるのか。それは、自分自身のことを知るためであり、自分自身を好きになるための手助けになると思うからなのです。[注2] 産婦人科医で性教育を勧めておられる河野美代子さんは性教育の目的について、「あなたの命がすばらしい。生まれて来てくれてよかった！　ということを伝えたい」と語っておられます。

聖書の中に、最も重要な戒めの一つとして、「自分を愛するようにあなたの隣人を愛しなさい」という言葉が紹介されています。他者を愛するためには、まず自分自身を愛さなければならないのです。自分自身をかけがえのない存在と思うことができたとき、目の前にいる「隣人」もかけがえのない存在と思うことができるのではないでしょうか。

自分自身を好きになるためには、自分自身のことを知らなければなりません。

性は「男」と「女」の二種類だけではなく、また、「異性愛」だけではなく、一人一人の違った性が与えられていて、それは自然なことであり、おかしいことでも、恥ずかしいことでも、ましてや「罪」でもないということを早い時期から子ども達に伝える必要があると思います。それは、自らのセクシュアリティについて、幼い頃から子ども達自身が悩むことがあるからです。

ある研究発表で、ジェンダークリニックを開設している岡山大学医学部附属病院の産婦人科中塚幹也医師が、同院産婦人科で「性同一性障害」の当事者たちを対象に行ったアンケート結果を紹介しました。その中で、「性同一性障害」についていつ情報を得たかということについて調べたところ、ＭＴＦ[注3]の場合、ＦＴＭ[注4]に比べて知った年齢が後になってからだということがわかりました。そして、「もっと早く知りたかったですか」という問いに対して、ほとんどの人が「もっと早く知りたかった」と答えています。それを受けて、この研究チームは「小学校の段階で『性同一性障害』について情報を提供すべき」と教育の中に取り入れていくことの必要性を訴えておられました。(注５)

また、後で詳しく述べますが、「性的指向」についても、恋愛感情を抱く年齢はそれぞれ違いますが、人を好きになる時に多くの子ども達は悩みを抱えます。特に、相手が同性である場合、社会の情報がほとんど同性愛に対して寛容ではないために、多くの子どもたちが苦しみ、異性を好きになろうと努力をします。私がそうであったように、同性を好きになる気持ちを否定し、その心に蓋をしてしまうのです。

また、私たちの社会は、「男」と「女」しかいないと思いこんでいることが多いために、男

(注２) アメリカやフランスの初等教育の教諭に、「初等教育の目的はなんですか？」と質問したところ、複数の人が「子ども達が自分を好きになるための手助けをすること」と答えたという話を聞いたことがあります。

(注３) ＭＴＦ：Male to female の略。生物学的性は男だが、性自認は女という人を指す。

(注４) ＦＴＭ：Female to male の略。生物学的性は女だが、性自認は男という人を指す。

(注５) 中塚幹也、江見弥生「思春期の性同一性障害症例の社会的・精神的・身体的問題点と医学的介入の可能性についての検討」『母性衛生』(二〇〇四年、四五(二)、二七八〜二八四頁)

でも女でもない性あるいは両方の性を持って生まれてきたインターセクシュアル(注6)の人たちは、社会の「男女二分法」の枠組みに入り込むことができずに、苦しんでおられます。

性とは

今、見てきたように、「性」は私たちの命そのもの、存在そのものなのです。けれども、社会の間違った理解の背景には、「性」を単なる「行為」「ふるまい」としてとらえてしまっています。そのために、たとえば、同性愛を「趣味」と言われたり、「異性装」を「趣味」とする捉え方があります。これも「行い」「振る舞い」と誤解してとらえているからではないでしょうか？(注7)　けれどもあるMTFの友人は「異性装」を「呼吸」であると話してくれました。つまり、「性」は「生」であり、命や存在そのものであり、あり様を意味するものなのです。

実際に『漢和辞典』（三省堂）で「性」を調べてみると、「⑴さが。もって生まれた心の働きたち。⑵もちまえ。ものの本質。⑶いのち。⑷こころの本体。⑸万物の普遍で変わらない原因」と書かれています。そして、それとは別に「わが国でその親字固有の意味と異なった独特の意味に用いられている訓義」として「せい。男女の区別。男女の欲」という意味が出てきます。つまり、本来の意味ではない意味に私たちは重点を置きすぎてきたのかもしれません。

一〇〇人いれば一〇〇通りの性がある

私はあらゆるセクシュアリティの方々に出会う中で、「一〇〇人いれば一〇〇通りの性がある」ことに気づかされました。それぞれ、違った個性が与えられているように、違う人生があるように一人一人はみな違った性と生を与えられているのです。

(1)　生物学的性

私たちの社会は「男と女しかいない」「男と女に区別できる」と思いこんでいますが、私たちの中には、生まれた時の性別が男でもない女でもない性をあるいは両方の性を持って生まれてくる人もいます。私たちはこの世に生を受けたとき、外性器の形だけで、男か女かに振り分けられてしまいます。けれども、私たちの性は外性器だけで決まるものではありません。内性器、性腺、性染色体、第二次性徴の性など様々なものから成り立っているのです。にもかかわらず、「外性器」だけで性別を決めてしまうのです。私たちの中には、外性器が男性器でもない女性器でもない形態をもって生まれてくる子どももいるのです。このように、性別が男と女

（注６）　小田切明徳＋橋本秀雄『インターセクシュアルの叫び』（かもがわ出版、一九九七年）

（注７）　Ｉ部第１章に述べた日本基督教団における差別発言の「ビヘイビア」という言葉もこのような間違った認識に基づいていることがわかります。

に振り分けることができないことは、母子手帳を見ても明らかです。性別の欄に「男、女、不明」と書かれています。けれども、同じ母子手帳の中の「出生届」を出しましたということを書く欄には、「不明」という文字はありません。ですから、「出生届」を出す段階で、どちらかの性に決められてしまうケースが多いのです。これまで多くの場合、医師と両親によってその性別が決められてしまい、外科手術が施されてしまうことも多く行われていたようです。中には自らがインターセクシュアルであるということを知らされていない場合もあるようです。けれども、性自認が医師と両親が決めた「性」になるかどうかはわかりませんし、第二次性徴で違った性分化をすることもあります。そのことに対し、インターセクシュアルの当事者たちが、本人の性自認がはっきりするまで外科手術はしないでほしいという訴えを行っておられます。

(2)　性自認

また、自分の性別をどのように認識することについても考えてみたいと思います。これを「性自認」(sexual identity)と言います。

河口和也さんは「セックス／ジェンダー」の中で「もしかすると、性別の根拠を問うような、わたしの問いそのものが無謀なものであるのかもしれない。というのも、社会というものは、人々にそんなことを考える猶予を与えないようにしてきているからなのだ。入学願書や身上調査書等の学校への提出文書、入国審査書類、住民票の申請書などあらゆる文書には性別欄が付されて、すぐさまそれに回答することが強いられている。あまりにも身体化されてしまった性別は、その根拠を考えること自体を拒否しているかのようである」と指摘されています（河口和也「セックス／ジェンダー」『社会学に正解はない』中根光敏、野村浩也、河口和也、狩谷あゆみ著、松籟社、二〇〇三年、一六四頁）。

私たちの社会の中では「生物学的性」というのは揺るがないものだと思われていますが、ボーヴォワールの言葉にあるように「人は女に生まれたのではない。女になるのだ」という解釈もあります。河口さんはこの最初の「女」を「生物学的性」、二つ目の「女」をジェンダー（社会的・文化的な性別）であると分析しておられます（前掲書一六五頁）。「生物学的性差」は揺るぎないものではなく、ジェンダーと呼ばれる社会的、文化的性によって規定されているにすぎないのです。

けれども、生まれたときに言い渡された性（生物学的性）と自らの性をどう認識するかは別の問題なのです。その性別に違和感を覚えている人、自らの性を選び取って生きようとする人はたくさんおられます（詳しくは虎井さんが述べてくださっています）。

同性愛と性同一性障害の違い

よく、「性同一性障害の人は男が好きだから女になりたいんだ」と誤解されているように思われます（ここでの性同一性障害はＭＴＦを指しています。これは社会が男性中心社会なので、ＦＴＭの存在が見え無くされているという問題も含んでいると思います）。つまり、同性愛と性同一性障害が混同されることがよくあります。

ここで整理したいのは、自分の性別をどう認識するかと自分の性的意識が向く方向は全く違うものです。つまり、たとえば自分を男と思って男を好きになるか、自分を女と思って男を好きになるかは違うということです。

(3)　性的指向

性的意識の向く方向と書きましたが、これを「性的指向」（sexual orientation）といいます。性的意識の向く方向は、異性か同性か両性に向くと言われています。この「性的指向」は自分の意志で変更も選択もできないと言われています。同性愛に対する誤解の中で、同性愛者を「食わず嫌い」にたとえる人がいますが、このように「異性愛中心社会」では、同性愛に対するマイナスの情報が流布している中で、多くの同性愛者、両性愛者は自らのセクシュアリティが他の人と違うことに気づき、自分はおかしいのではないかと思い悩みます。その中で、異性を好きになろうと努力したり、おつきあいをしてみたりというケースが多いのです。なんとか変えようと思っても変わらないわけですから、これは変えることはできないのです。かつては「病気」というカテゴリーに入れられていたので、「治さなければならない」という言葉を聞きましたが、ＷＨＯ（世界保健機構）では一九九三年に「同性愛はいかなる意味でも治療対象とはならない」という声明を発表しており、日本でも一九九四年十二月に厚生省がこの声明を採用し、翌年一月には日本精神神経学会がこの声明を尊重するという見解を出しています。つまり、同性愛は「病気」でも「障害」でもないことがわかっているので、治すという問題ではないことは明らかです。ですから、「性的指向」の「指向」は趣味を表す「嗜好」という書き方も、タイプを表す「志向」という書き方は基本的にはしないのです。

また、人に対して恋愛感情を抱かない人もいます。この人を「性的無志向」（エイセクシュアル、asexual）と言います。この社会は、恋愛中心主義なので、人に恋愛感情を抱かないことを「おかしい」と思いこまされ、無理に恋愛や結婚をしているケースがあるのではないでしょうか。

ちなみに同性愛者を「ホモセクシュアル」といい、男性同性愛者を「ゲイ」、女性同性愛者を「レズビアン」といいます。(注8) 両性愛者を「バイセクシュアル」と言い、異性愛者を「ヘテロセクシュアル」といいます。性的指向が男女両方に向く両性愛者に対し、セクシュアリティは男女の二種類ではないという視点に立って、男女だけではなく、すべての性別に性的指向が向くことを「ポリセクシュアル」と言います。また、セクシュアリティが揺らいでいたり、男女どちら

（注８）言葉を短縮して使う際侮辱の意味が含まれますので短縮した形では用いないで下さい。

の性自認も持たない人にとっては、「異性愛」「同性愛」という言葉も当てはまらない場合もあります。

このようにみると、性同一性障害の中にも異性愛者も居れば、同性愛者も両性愛者もいることがわかります。たとえば、ＦＴＭで男性が好きな人は「トランスセクシュアルゲイ」、ＦＴＭで女性が好きな人は「トランスセクシュアルヘテロ」ということになりますし、ＭＴＦで女性を好きな人は「トランスセクシュアルレズビアン」、ＭＴＦで男が好きな人は「トランスセクシュアルヘテロ」ということになります。またバイセクシュアルやポリセクシュアル、エイセクシュアルもいます。

このように、私たちのセクシュアリティはそれぞれ違っていて、一〇〇人いれば一〇〇通りあるのです。それぞれ違ったセクシュアリティを私たちは持っているのです。そのセクシュアリティは「違い」であって、決して「異性愛者」ではなかったり、性別に違和感を覚えるからといって、他の人と比べて劣っているわけでも、何かが欠けているわけでも、おかしい存在でもないのです。それは、「違い」であって、「欠如」ではありません。けれども、多くのセクシュアル・マイノリティの場合、それを「違い」ではなく、「欠如」であると思いこまされてきました。ですから、それはおかしなことでも、「異常」でもないということを存在を通して訴えるセクシュアル・マイノリティ当事者が最近は増えてきましたし、そのことをここで声を大にして言いたいと思います。

キリスト教会の責任

私の友人の中に「性」は本来「聖」なるものなのではないかと指摘された人がいます。この言葉を聞いたとき、私は大きな衝撃を覚えました。それは、私たちの社会の中でも教会の中でも、どちらかというと「性」は「汚れたもの」というイメージが根強いように思いこんでいたからです。

けれども、聖書をよく読んでみると、特に旧約の中で用いられる場合は、「セックス」（性行為）そのものを批判しているのではなく、その背後にある異教礼拝の慣習を指しているのです。もともと、イスラエル民族は羊や牛を飼いながら天幕で生活をし、オアシスを求めて転々と移動する半遊牧民族でした。けれども、後に神様が約束された場所、乳と蜜の流れる地カナンに定着をします。そこで生きていくためには、カナンの文化である農耕文化を受け入れていきます。そして、その文化の一部分である宗教や祭儀も受け入れていかなければならなくなります。農耕文化であるカナンの宗教や祭儀は豊饒祭儀です。その中には、神を喜ばせ、雨を降らせるために「性行為」が行われていました。その祭儀を取り入れたため、イスラエルの宗教であるヤハウェ（注９）礼拝においても「性行為」が行われるようになり、礼拝所、聖所において、セックスワ

（注９）ヤハウェとはイスラエルの神の名前。

ークが行われるようになりました。旧約の中に記されている言葉で同性愛を否定するときに利用される「女と寝るように男と寝てはならない」という言葉は、当時の神殿に存在したといわれる「神殿男娼」を指していると思われています。聖書の言葉は解釈が必要なのですが、おそらく「性」に関する規定の背後にはこのような祭儀におけるセックス・ワークについて、つまり、異教礼拝に対する批判として書かれているのではないかと言われています。

つまり、「性」そのものは「汚れたもの」ではないのです。そこには何らかの価値基準が存在するということなのです。

一方で、聖書の中で、「聖」とされる「性」もあります。それは、「出産」であり、特にイエス・キリストの誕生は、セックスを伴わない出産として、特別なものとされています。つまり、ここでも「性」の二分化が行われているのです。生殖に結びつく「性」を「聖なるもの」とし、生殖に結びつかない「性」を「汚れたもの」とし、「罪」とするのです。「産めよ、増えよ、地に満ちよ」という言葉がありますが、国力を増すために、生殖に結びつく「性」を「聖」とし、それ以外の「性」を排除したのです。有名な話として、オナニーの語源となるのは「オナン」という人物の名前で、精液を地面に流したとして罪に定められています。厳密にはこれはオナニーではなく膣外射精なのですがいずれにせよ、それは、生殖に結びつかない性だからです。

このように「性」にまつわる規定には、国家が存在するのです。もともとイスラエル民族は申命記二六章で告白されているように、「小さく弱い国民」でした。その国が力を得るためには、国力を増すしかありません。そのためには、国家が生と性を管理しなければならなかったのです。生を管理するためには、性を管理しなければなりません。そこで、宗教の力を利用し、「罪」の概念を与え、思い悩む人間の内面を作り出します。そして、その内面を国が管理するのです。(注10) 実は、民族を保つために、旧約の初期の時代には、「近親相姦」は行われており、それは「罪」とはされていませんでした。

ある牧師が、レビ記一八章に記されている性の規定の箇所について、本来禁止されてしかるべき性関係で記されていないものがあることに気づかれました。その一つが、父と娘でした。おそらくこれは所有関係を表すのだろうと推測され、娘は父の所有物なので、父が自分の所有物をどのようにしてもそれは罪にならないとされていたのではないかと推測することができるのです。

2　幸せとは

宗教や信仰の目的は、人を幸せにすることであり、生きるための力になることだと私は思い

(注10) このような構造については、河口和也「性と生：言語・身体・権力」『社会学に正解はない』中根光敏、野村浩也、河口和也、狩谷あゆみ著、松籟社、二〇〇三年、を参考にさせていただきました。

ます。それではキリスト教という宗教がセクシュアル・マイノリティにとって、「幸せ」をもたらしてきたでしょうか？

最初に書いたように、これまでキリスト教会は多くの人に（当事者、非当事者を問わず）性別適合手術を受けることは「神を冒瀆する行為」というイメージを与えたり「同性愛は罪と聖書に書いてある」と思いこませてきました。それは、ただ当事者に思いこませるだけではなく、キリスト者の口から発せられてきた言葉です。

けれども、本当にそうなのでしょうか？　「性別適合手術」が神を冒瀆する行為でないことは、『多様な性がわかる本』にすでに虎井さんが書かれていますし、(注11)「同性愛は罪と聖書に書いてない」ということはすでに私が『同性愛って何？』に書いていますが、(注12)もう一度、この本においても書きたいと思います。それに、キリスト教の目的は何なのでしょうか？　人の存在や言動や心の動きに対して、それが良いことか悪いことかというレッテル張りをすることなのでしょうか？　決してそうではないはずです。宗教の目的は、「救い」であり、心のよりどころであり、人に生きる力を与えることであるのではないでしょうか。

私は、この章をはじめるにあたり、まず、私たちが「幸せ」に生きることを阻んでいたものが何であるのかを見ていきたいと思います。

時々勘違いされるのは、神の救いは一部の人だけに与えられるということです。救いに与《あずか》ることのできる人と与《あずか》ることのできない人がいるという考え方です。果たしてそうなのでしょうか？

ともすれば、宗教にはこのような「排他的」なイメージがあるようです。それは、旧約に記されているイスラエル民族の歴史の中で「排他的な民族主義」の時代があったからかもしれません。けれども、宗教の目的が、幸せになる人とそうはなれない人を作り出すのであれば、あまりにも不公平であり、不条理なものとなってしまいます。そこで、この不条理なイメージを作り出してきた、一つの考えをひもといてみたいと思います。それは、キリスト教における「寛容／不寛容」という考え方です。

キリスト教はこれまで、同性愛やトランスセクシュアルなどのセクシュアル・マイノリティに対して、不寛容であったと言われてきました。では、その「不寛容」は本来どのような意味で使われてきたのでしょうか？

（注11）伊藤　悟、虎井まさ衛編『多様な性がわかる本』（高文研、二〇〇二年、二一三〜二一七頁）
（注12）大月純子「Ｑ22　聖書には『同性愛は罪である』と書いてあるのでしょうか？」『プロブレムＱ＆Ａ　同性愛って何？』伊藤　悟、大江千束、小川葉子、石川大我、簗瀬竜太、大月純子、新井敏之著（緑風出版、二〇〇三年、一一〇〜一一一頁）

寛容／不寛容

ジョン・ボズウェルが書いた『キリスト教と同性愛』という本がありますが、この本の原題は「chrisyianty,social tolerance,and homosexuality」です。ここでも「社会的寛容」という言葉が出てきます。序章を見ると、ボズウェルは、中世社会史と社会的現象としての不寛容の歴史的起源とその影響の問題をあげています。そして、取り上げた理由としては「その研究のために、ヨーロッパ中世を通じて不寛容の対象とされたもろもろの集団の中で、ゲイ・ピープルを取り上げた」としています。それは、「ゲイ・ピープルに対する敵意は、庶民の偏見と宗教的確信の混同を、ほかに例がないほど明らかに示してくれる見本となる。こうした混同を感得することが多種多様の不寛容を理解する土台となる」と述べています（ジョン・ボズウェル著／大越愛子、下田立行訳『キリスト教と同性愛――一～十四世紀西欧のゲイ・ピープル』国文社、一九九〇年、三三頁）。

ここで、この「寛容」「不寛容」というのが、キリスト教の中でどのような意味を持つのかということを調べてみました。

宗教学的に「寛容」という言葉の定義は、「特定の宗教・宗派あるいはその信仰の内容・形態だけを絶対的なものとして他を排除するのではなく、他の宗教・宗派・信仰にもその存在を容認すること」を意味します（小口偉一他監修『宗教学辞典』東京大学出版会、一九七三年）。つまり、「寛容」を問題にする時に対象は本来「信仰」であり、他宗教との関係の上で問題とされることなのです。そして、そのような状態から逸脱した状況を「不寛容」と言うのです。たとえば、聖書では、旧約でよくみられるモティーフとしては、偶像に対する「不寛容」があります。何故イスラエルの神ヤハウェは偶像に「不寛容」であったかという理由は、偶像が異教礼拝の象徴であるからなのです。またセクシュアリティについていえば、これまで「聖書に同性愛は罪であると書いてある」といわれる時に根拠として用いられる聖書の箇所のほとんどが、「同性愛」を問題にしているのではなく、それらの言葉を通じて、異教礼拝の祭儀や慣習を批判しているところからも、本来「寛容」という言葉の意味が、他宗教に対するものであることがわかります。

この点から考えると、キリスト教は「本来唯一の真の宗教である」という主張から教義上は常に「不寛容」でした（「寛容」『キリスト教大事典』教文館）。それは、キリスト教がその成立のはじめから、ユダヤ教などの他宗教との関係性の中で葛藤を続けてきた歴史があるからです。

けれども、今述べたように、本来は他宗教との葛藤の中で生じた「寛容」の問題が、「キリスト者として受け入れうるか」という問題に発展したものと考えられます。カトリック教会で記された『キリスト教百科辞典』によれば、「不寛容」は「不可侵的事由を認め、相応の寛容を与うべき人々に対する合理的忍耐の欠如。真理は誤謬《ごびゅう》と相容れないものであり、誤謬に対して不寛容なのは正しい態度である。これに反し、誤謬に陥っている人々に対する不寛容は正しくない。これらの人には愛をもって対せねばならないからである。カトリック教徒が、宗教的真理にそむく誤謬はこれを許さず、ただし他宗教徒には愛をもって対するのはそのためである」

と記されています（『寛容』『キリスト教百科事典』小林珍雄編、エンデルレ書店、一九六〇年）。つまり、本来は他宗教に対するものとして生まれた「不寛容」という考え方が後に他宗教徒に対してではなく、キリスト教徒に対しても向けられるようになるのです。そこでの「不寛容」は、宗教的真理に背くことに対する事を指すようです。特にカトリック教会の歴史を見れば、（これは「カトリック教会」を「プロテスタント教会」と比較することが目的なのではなく、「カトリック教会」とはすなわち、宗教改革によってプロテスタント教会が誕生する以前の「キリスト教会」を意味します）「教会法」が存在しました。その教会法によって、「宗教的真理」が定められ、それに反する者が「罪」と定められ、たとえば「典礼」に与《あずか》る権利を有さないものとして、「ゆるしの宣言」を必要とされました。つまり、毎日、毎週のミサにおいて、キリストの体とされるパンに与《あずか》る「聖体拝領」を受けるためには、同じく「典礼」の一つである「ゆるしの秘蹟」を受けなければならないとされていたのです。「ゆるしの秘蹟」において、信者は神父の前で自らが犯した罪を告白します。すると、そこで神父は罪を悔い改めるために必要な祈りの言葉などを示します。その上で神父は「ゆるしの宣言」をします。その段階で、罪が赦されたことになります。このように罪が赦された状態でなければ、キリストの体に与《あずか》ることはできないとされていたのです。

これは、プロテスタント教会でも受け継がれています。たとえば、日本基督教団口語式文の中でもカトリックの「聖体拝領」にあたる「聖餐式《せいさんしき》」の項の中には、「『ふさわしくないままでパンを食し主の杯を飲む者は、主のからだと血とを犯すものである』また、『主のからだをわきまえないで飲み食いをする者は、その飲み食いによって自分にさばきを招く』と勧められています。かえりみて、おのおの罪を深く悔い改めなければなりません。このようにして信仰と真実とをもって聖餐にあずかりましょう」と書かれています（今はこの考え方に疑問を感じ、この言葉を読まない牧師もいます）。プロテスタントの中にも様々な教派があり、それぞれ違う解釈や伝統をもっていますが、その一つである長老派教会では、かつては信者が聖餐にあずかるにふさわしいかどうかを、牧師と長老が調査をした上で、聖餐式が行われていたようです。

罪とは

ここで、「罪」という概念を見直す必要があります。

私たちは、「罪」という言葉を耳にするとき、社会的な犯罪を思い浮かべるのではないでしょうか。けれども、キリスト教で問題にされる「罪」は、社会的、倫理的な罪ではなく、神との関係を表すものなのです。ここで問題にされることは、神の方を向いているか向いていないかなのです。それは、聖書に書かれている「罪」という言葉が、「的はずれ」という意味の言葉であることからもわかります。そこで言われる罪というのが、社会で「罪」に定められるか否かではなく、神の方を向いていない結果として起こることと考えているのです。

この「罪」という言葉に対する誤解、宗教的な意味と社会的倫理的な意味との混同が罪でないものを罪としてしまい、人々に感じなくてもよい罪悪感を感じさせ、心に傷を負わせてきたのです。この「罪悪感」は後でも詳しく述べますが、マインド・コントロールの手法であり、この手法を用いてキリスト教会も人々に罪悪感を感じさせることで人々の感情を支配してきたのです。

聖書の中に「悔い改めて、福音を信じなさい」という言葉はあります。それは、神の方を見なさい、という意味であって、今まで犯した社会的な罪などを問題にしているのではありません。むしろ聖書が伝えたいポイントは「罪」ではなく、神の「ゆるし」なのです。私たちは悔い改めなければ救われないのではないのです。神に出会い、救われて初めて、自らの「罪」（神から離れていたこと）に気づく場合もあるのです。

私たちは神の無条件の愛によって、イエスの十字架によって、私たちの罪は贖《あがな》われ、赦《ゆる》された存在なのです。イエスの十字架は「赦しのしるし」であり、罪からの「解放のしるし」なのです。にもかかわらずキリスト教会の中では、ともすれば、「私たちの罪がイエスを十字架にかけてしまった」と語り、キリスト者は自らを責めてしまうことがあります。つまり、「赦しのしるし」であるはずのイエスの十字架を、自分だけではなく、他者をも裁くための道具にしてしまっていたのです。

けれども、「裁き」の目的は、「罪深い存在である」ということを示すためではなく、自らと神様との関係に気づかせるきっかけであり、どんなことがあっても、どんな人間であっても、神に愛された存在であることを、神の前でかけがえのない存在であることを伝えることなのです。

律法とは

確かに「律法」というのは聖書の中に存在します。それは、「十戒」を見ればわかるように、神と人との関係を表した上で、神の前での人と人との関係を表しています。また、それは「民族共同体」として「共同体」を維持するための約束事が記されています。

イエスが律法学者の「聖書で最も重要な戒めは何か」という問いに対し、「心を尽くし、精神を尽くし、主なる神を愛せよ」と「隣人を自分のように愛しなさい」という言葉を答えています（マルコによる福音書一二：二八～三四）。ここにも見られているように律法の意味は、神の前で他者とどう生きるかということです。

確かにユダヤ民族の歴史の中で、それが民族共同体を守るために、その律法を遵守することをユダヤ民族の証とした時期がありました。それは、自分たちこそが「神に選ばれた民である」というアイデンティティが民族を守るために必要だったのです。このような「選民思想」が自らを「聖なる民」とし、それ以外の民を「汚れた民」としてしまう排他的民族主義を形成していったのです。それは、イスラエル民族の歴史を見たときに、その歴史のはじめから他民族との葛藤の中にあったためです。イスラエルという民族は、王国として成り立っていたのはたったの四〇〇年くらいの期間です。それ以外は、他民族に侵略されたり、敵の土地に「捕囚民」として強制移住させられたりしていたのです。

このような歴史の中で、排他的な民族主義が形作られ、その中で「生めよ、増えよ、地に満ちよ」という生殖主義の聖書の言葉を生み出していったのではないかと思われます。それは、民族を守るためには、前で述べたように、共同体が「生管理」(性管理)を行う必要があったのでしょう。

つまりもともと人の命を守る目的で造られた律法が歴史の中で違う目的に用いられるようになってしまったのです。このように、聖書にはそれぞれ書かれた時代があるので、それぞれの歴史的な背景をふまえて理解する必要があるのです。そうではなく、字面だけで読んでしまうと、最初に書いたように、人を裁いたり、傷つけてしまったり、人の命を奪ってしまう「武器」「暴力の言葉」になってしまいます。

聖書の読み方

よく、「聖書に同性愛は罪であると書いてある」とか「神は男と女とに創造されたと聖書に書いてある」という反論の言葉を耳にすることがあります。けれども、前に述べたように聖書には書かれた背景があるのです。それぞれの言葉がどういう理由で、どのような歴史的な状況の中で書かれたのかを考えて読まなければ、聖書の言葉は人を切り捨てるための「道具」にすぎなくなってしまいます。また、その言葉だけを切り取って「こう書いてある！」と主張されるときがありますが、その前後関係を読まないと、本当の意味とかけ離れた意味で間違ってとらえてしまいます。セクシュアリティについては、特にこのように言葉だけをとりあげて、当事者達を切り捨てるための道具として聖書の言葉が悪用されることが多々あります。

つまり、宗教の危険性は、自分たちの信仰を絶対化させるために、自分たちのアイデンティティを確立する部分を作り、それに相容れない人を排除してしまいがちなのです。

聖書の言葉は「一言一句神の言葉であって疑ってはならない」というイメージが根強いですが、聖書の読み方には大きく分けて二通りの読み方があります。一つは「聖書の言葉は一人の人が神がかり状態になって書いたので一言一句神の言葉であって疑ってはならない。そのまま読まなければならない」という読み方で、「逐語霊感説《ちくごれいかんせつ》」と言います。もう一つは、聖書をよく読んでみると重複や矛盾があったり、中には「障害」をもつ人は礼拝に出てはならないとか「婦人達は教会では黙っていなさい」などというとても差別的な言葉や、「皆殺しにせよ」と神が命令されるなど、そのままでは「神の言葉」として理解しがたい言葉もたくさんあることから、聖書は様々な歴史の中で書かれたもので、その言葉が書かれた歴史的背景を見なければならないとし、それらの言葉を歴史的批判的に解釈しなければならないとする読み方があります。それを「歴史的批判的解釈」といいます。ちなみに私は後者の立場をとってきています。

宗教のもたらすマイナスの影響

今見てきたように、宗教には人をいやし、人に生きる力を与える側面もありますが、その伝え方を間違えたとき、人の命を奪ってしまう危険性をもっています。

また、私たちが困難や問題に直面したときに、その困難や問題を乗り越える力を与えることもありますが、神の名によって、その問題をすり替え、そこにある社会的な問題を見えにくくしてしまうことがあるように思います。たとえば、社会に問題があるにもかかわらず、個人の信仰の問題にすり替えてしまい、その社会的な問題を考えないようにさせ、問題を「骨抜き」にしてしまうこともあるのではないかと思います。

聖書に書かれている物語も、人間によって書かれたものなのです。旧約の創造物語や共同体を守るための「律法」もそれぞれの歴史の中で、そこに生きた人たちが神と向き合い、それぞれの信仰の中で形作っていったものなのです。けれども、そこには国や共同体を守るために、それらの言葉が神の名のもとに語られているという側面もあるのではないかと思います。大学時代、「預言者はきっとその時代には誰からも見向きもされていなかったんだろうな。だから、『主はこう言われる』と言って、権威を持たせたのではないか」と指摘した人がいました。

また、ここ数年私は社会学を学ぶ中で、「イデオロギーは起源を忘れさせる装置である」ことを知りました。私たちが「もともとこうだった」と思い込んでいるものは実は近代社会によって形成されたものにすぎないこともあるのです。にもかかわらず「昔からそうだった」と思い込まされてしまっていることが私たちのまわりには沢山あるのです。そのように考えた時、聖書の書かれていることも「イデオロギー」かもしれないという視点をキリスト者は持たなければならないのではないでしょうか。

聖書の言葉を読み直してみよう

ここでいくつかの聖書の言葉を読み直してみたいと思います。

(1)「男と女に創造された」?

たとえば、時々インターセクシュアルやトランスセクシュアルなどの存在を受け入れられない人たちが「神は男と女に創造されたと聖書に書いてある」と言って、聖書の箇所を利用することがあります。けれども、よく読んでみるとこの言葉の前に「神は人を創造された」という言葉が書かれています。また、創世記には一：一～二：四aに書かれている創造物語と二：四bから書かれている創造物語と二つの創造物語が記されています。私たちは最初から読むので、前に記されたものが時代が古いものと思ってしまいますが、実際には後に記されている物語の方が書かれた時代は古いのです。二：四bからの創造物語を読むと、神は「男」と「女」を創造したのではなく、「人」を創造されたことがわかります。そこでは一人しか創造されていません。けれども、人が一人でいるとよくないと言って、もう一人の人間が創造されるのです。つまり、この物語の目的は、この世に男と女しかいないということが伝えたい訳ではなく、人間は他者と共に生きていく「対他存在」であるということなのです。もう一人の人間が作られた時、先に作られた人は、「これをこそ、女（イシャー）と呼ぼう。まさに、男（イシュ）からとられたものだから」と言っています。この（　）のなかの「イシャー」と「イシュ」はヘブル語ですが、見てわかるように、「語呂合わせ」なのです。自分と違う他者がそこで作られたことを意味するだけの言葉であり、「男」と「女」ということに固執する必要はないように思うのです。

また、この人間の創造の物語の最後には「男は父母を離れて女と結ばれ、二人は一体となる」と書かれています。よく考えてみるとおかしな話です。この男は神によって土をこねられて作られたことになっているし、女は男のあばら骨をとって作られたものと書かれています。つまり、最初の人間であって、そこに父母はいないはずなのです。このような矛盾が聖書にはみられるのです。そのことから考えるとこの「男は父母を離れて女と結ばれ、二人は一体となる」という言葉は、後の時代に付け加えられたものだろうと考えられています。では、何故後の時代の人はその言葉を付け加えたのか、「結婚」というものが人間が作られた時から定められていたものと思いこませたいからではないでしょうか。

このようにして、「男と女を神が作られた」ということや「結婚をする」ということを神が人間を創造された最初から決められたことだと思いこませようという意図で編集されたのではないかと思われます。このように聖書は様々な時代に書かれた文章が後の時代に編集されたものなのです。つまり、その言葉を書いた時の意図だけではなく、後の時代の編集者の意図によって、また違った意味合いに変えられてしまっているのです。

⑵　男と女に創造された？　パート２

また、「男と女に創造されたと書いてあるじゃないか」と言われますが、それが、それ以外の性を否定することにはつながらないはずです。というのも、聖書には「宦官《かんがん》」と呼ばれる人たちや「去勢された者」と呼ばれる人たちがいたこともわかっています。三田村泰助さんは『宦官――側近政治の構造』という本の中で、「おそらく、オリエント古代の専制君主制の成立とともに起こったものと考えてよいであろう。しかし、宦官の活動が歴史の上で知られてくるのは東西とも奇妙に時期が一致していて、紀元前八世紀ごろからである」（三田村泰助『宦官――側近政治の構造』中公新書七、中央公論社、一九六三年、六頁）と説明されています。聖書を見ると、列王記下九：三二から、アハブの宮廷に「宦官」がいたことがわかります。アハブの時代は紀元前八七一～八五二頃とされていますので、紀元前九世紀にはすでに「去勢されたもの、宦官」がいたことになります（ここで、宦官と訳されている言葉はヘブル語の「サーリース（saris）という単語で、「宦官」「去勢された者」「宮廷に仕える者」という意味があります）。また、申命記二三：一には、「睾丸のつぶれた者、陰茎を切断された者は主の会衆に加わることはできない」と記されています。イザヤ書三九：七などにも「宦官」という言葉は出てきます。このようにいろんな時代に書かれた文章の中に「宦官」が登場しています。しかも、マタイによる福音書一八：一二を見ると、「⑴生まれつき去勢された人、⑵人の手によって去勢された人、⑶自分自身の手によって去勢された人」がいたことがわかります。直訳すると、「母の胎からそのように生まれたユウヌーコス、人によってユウヌーコスにされたユウヌーコス、天の国のために自らをユウヌーコスにしたユウヌーコスがいる。受け入れることが出来る者は受け入れよ」となります。そして、新共同訳聖書では「結婚できないように生まれついた者、人から結婚できないようにされた者もいるが、天の国のために結婚しない人もいる」と訳されています。富田正樹さんは、「最初の二つを『できない』と訳し、三番目『しない』と区別して訳していますが、原文を見ると、そこには差異はなく、最初と二つ目と三つ目を、『が』と区別して訳されていますが、原文では並列です」と指摘しています。また、富田正樹さんは、ここから、当時この「ユウヌーコス」という言葉は単なる職業名というよりも、当時の社会において、インターセクシュアルもトランスセクシュアルも、同性愛者も両性愛者も異性装も、単に結婚していない人もエイセクシュアルも宗教的な理由で独身を貫く人もじっぱひとからげに「ユウヌーコス」と呼ばれ、差別されていたのではないかと推測されています。(原注13)

つまり、聖書の書かれた時代にも、「男」と「女」でくくることのできない性があることは明らかですし、自らの手で自らの性を取り戻した人たちがいたということなのです。しかも、後の解釈によって「天の国のために自らの手で去勢した者」は「聖なる者」として他の人とは区別されて受け入れられていたということになります。この箇所の最後には、その人たちをイエス・キリストは「受け入れられる人は受け入れなさい」とそれぞれの「信仰」を問う言葉として投げかけています。つまり、その人たちはすべて神の祝福を受けた存在だということです。神の前でかけがえのない存在であることが明らかにされています。また、イザヤ書五六：四を見ると「宦官、去勢された者」も神の救いの時には、永遠の名を神から与えられると約束されているのです。(注14)

また、使徒言行録八章には、フィリポとエチオピアの宦官の出会いの物語が記されています。ここでは、宦官がセクシュアル・マイノリティであることを問題にされることなく、福音がのべ伝えられ、洗礼が授けられているのです。旧約の申命記二三章によれば、主の会衆に加わることができないとされた人です。けれども、そのことがここでは問題にされることはありません。洗礼を受けて、キリスト者になることがふさわしくないとは言われないのです。また、洗

（注13）富田正樹「大住文書の矛盾点・問題点――性的少数者の問題に関して」『信仰とセクシュアリティを考えるキリスト者の会　ニュースレター第五号』（一九九八年）。富田正樹『キリスト教との出会い　新約聖書』（日本基督教団出版局、二〇〇二年、九七頁）。なお、前に『性の意味』の中で、この「宦官」について紹介し、注のところで、現在同志社香里中学校で聖書を教えておられる富田正樹さんの説を基に書いたことを明らかにしましたが、本文中にそのことを書かなかったために、私が思いついた説だという印象を、本を読んだ方々に与えてしまいました。ですから、今回はこのように出典を改めて明確にさせていただきます。

礼を受けてキリスト者になったら救われるというような条件付きの救いでもありません。そこでは無条件の救いが与えられているのです。

そして、実はこのエチオピアの宦官は当時「異邦人」と呼ばれ「汚れた民」とされていた外国人です。つまりこの宦官は外国人にキリストの福音が伝えられ、洗礼が授けられた第一号ということになります。ここでは外国人であることも問題にされていません。かつてのように「汚れた者」とも呼ばれていないのです。

外国人キリスト者第一号が実はセクシュアル・マイノリティだったということはキリスト教会でもあまり知られていないことかもしれません。

このようなことから考えても、聖書の中では「トランスセクシュアルが神を冒瀆する存在」とは書かれておらず、むしろ「救いが約束された人」として描かれていることは疑いようのない事実なのです。

このように聖書に書かれているにもかかわらず、「聖書に罪と書かれている」と平気で語られるのは何故なのでしょう。そこでそのように語る人にとって重要なのは、「聖書」ではなく、そのことを罪に定めたいその人の感情なのではないでしょうか。そこでは、セクシュアル・マイノリティを受け入れることができない自分の感情を聖書の言葉を利用して正当化しているにすぎないのです。私たちが決してしてはいけないことは、自分の感情を正当化するための道具に聖書の言葉を利用（悪用）することなのです。

（注14）三田村泰助さんは「一つの征服した捕虜からいわゆる男性のシンボルである性器をとり除くことは、他民族に対し、彼らの絶対服従を誇示するためのものであろう。相手を骨抜きにするという言葉があるが、この場合それ以上の効果があることは疑いない」と書かれています（『宦官――側近政治の構造』中公新書七、一九六三年、中央公論社、二〇頁）。

また、その制度は、「神の名においてつくられた制度であった」と三田村さんは指摘しています（同書二三頁）。「君主ははじめ神の代弁者として発足した。もともと神と人間との関係は支配、被支配のそれであるが、この関係は当然君主と人民の間にもあてはめられ、そこに、越えてはならない一線がひかれる。神の、したがって君主の正体は絶対に人民に知られてはいけない。そこには固く秘密の扉が閉ざされていなければならない。もっとも、君主は神そのものでないから、人間としての営みを行なう。

だがその際、使用人として、人民のかけらも扉のうちに入れることはできない。神秘の謎に包まれてこそはじめて畏敬されるのであって、人民と接触することによって、ただの人間としての正体が知られたり、聞かれたりしてはならぬ。楽屋裏の秘事がわかっては権威がたもてないからである。それに後宮には神の資格でとりたてた宝物の数々がある。美女もあれば神器もある。それは人民の持ちえない種類のものばかりである。とすると人民にかわってこの深宮の資格があるものは誰であろうか」として、当時外界と無縁な地底の住民であった宦官の他に適切なものはありえないとしています（三田村、同書二一～二三頁）。

つまり、「宦官」は「君主の影」の存在であったということです（三田村、同書二四頁）。

(3)「同性愛は罪」？

同性愛についていえば、聖書には「同性愛」という言葉は出てはきません。よって、聖書に「同性愛は罪である」と書いてあるはずがありません。けれども、聖書には「同性愛は罪である」と書いてあるとまことしやかに言われてきました。それは、「女と寝るように男と寝てはならない」というレビ記などの言葉が根拠とされてきたのでしょう。もちろん、同性による性行為は行われていたことになりますし、「同性愛者」はいつの時代にもどの地域にもどの世代にも存在すると言われていますが、聖書が書かれた時代において、「同性愛」という概念がはっきりしていたかどうかはわかりません。旧新約聖書の時代には、同性間の性行為をおおざっぱに認識していたにすぎないのではないかと思われています。

今日、世界のあちこちに残っている同性愛を禁止する法律のことを「ソドミー法」と呼ばれることがありますが、この「ソドミー」という言葉は旧約に登場する「ソドム」という地名に由来しています。この「ソドム」という町は、これまで「同性愛や獣姦などのために神の怒りを買い、そのために滅ぼされた」と解釈されてきました。けれども、よく読んでみると、ソドムの町が何故滅ぼされたのか、はっきりした理由は記されてはいません。少なくとも同性愛が理由ではないということは最近の解釈でわかってきています。

このように、聖書の言葉はこれまでのキリスト教会の中でそれぞれに解釈され、その解釈が伝えられてきました。それぞれの時代的な背景がその解釈に反映しているということになります。つまり、「聖書に同性愛は罪と書いてある」というのは、解釈に他ならず、その解釈の背後には、キリスト教会における「ホモフォビア」(注15)や「異性愛中心主義」の考え方があるのです。その「異性愛中心主義」の考え方というのは、これまでに述べてきたような生殖を伴う「性」のみを「聖なるもの」としてきたキリスト教会のイデオロギーによるものなのです。

新約には「男娼」「男色をする者」と訳されている箇所がありますが、このように訳されているギリシャ語の言葉は何を指しているのかわからない言葉なのです。同性間の性行為を表す言葉は他に存在するので、もし、これらの箇所で同性間の性行為を批判する意図があるならば、それらの言葉が用いられているはずです。しかも、これらの二つの言葉は、十五世紀以前には同性愛に関する単語としては訳されてはいませんでした。今のような同性間の性行為と誤解させる訳になったのは、同性愛を「性的倒錯」として排除する考え方が定着してからのようです。

このように聖書の言葉ももともとの意味ではなく、歴史の中でなされた解釈によって、意味が歪曲されてしまっているのです。そして、その解釈には、もともとの言葉が何を伝えようとしていたかではなく、自分たちの中にあるホモフォビックな感情が先行しているのです。もしくは、それらの組織の中で、意図的に歪曲された可能性も否めないかもしれません。なぜ、そ

(注15) ホモフォビア：「同性愛嫌悪」の意

こまで言うかというと、それらの箇所をよく見てください。同性間の性行為だけを問題にしているのではありません。ローマの信徒への手紙一章を見ても、あらゆることが「罪」として羅列されています。にもかかわらず、何故かこの箇所を読むとき、他のことは問題とされず、「男どうしで恥ずべきこと」という言葉だけが取り出されて、問題にされるのです。

それは旧約のレビ記を読むときにも同じです。先に聖書の読み方について書きましたが、他の箇所については私たちはそのまま読むことはしません。たとえば、「障害」を持っている人は「主の会衆に加わってはならない」と聖書に書いてあるといって、「障害」と共に生きる人が教会に来ることを拒んだりはしません。そんなことをすれば人権問題になります。同じレビ記に「豚を食べてはならない」と書いてあるからと言って、豚肉を食べないキリスト者をあまり見たことがありません。うなぎも同様です。

なのに、何故か同性愛に関してだけは「聖書に罪と書いてある」と言ったり、もっとひどいときは、「石で打ち殺せ」と書いてあるという言葉を当事者にぶつけることもあります（実際に、東京府中青年の家事件の際、あるプロテスタントの教団の教会に属する青年達がアカーのメンバー達にそのような言葉をなげつけたと言われています）。では、何故そうなってしまうのか。それは、聖書に書いてあるからではなく、自分のホモフォビアな感情が先行しているからなのです。それを正当化させているにすぎないのです。

実際に、聖書に登場するダビデとヨナタン（注16）は同性愛の関係にあったのではないかという解釈もあり、その関係が自然に聖書には描かれていますし、そのことが問題にはされません。

聖書と軍国主義

前にも指摘したように、聖書の中にも、生殖に結びつく性を強調する「強制的異性愛主義」が見られるのは確かです。それは軍国主義との関係が否めないと私は思っています。

旧約の時代、神は「万軍の主」と呼ばれていました。このことから、「戦闘的ヤハウィズム」であったことがわかります。このように、聖書と戦争は切っても切り離すことができません。

先にも述べたように、イスラエル民族の歴史は他民族との闘いの歴史でもあるのです。たとえば、イスラエルが王制をとるようになったのも、当時の敵であったペリシテ(注17)が脅威であり、その国が王制をとっていたからだと思われます。預言者が「王制をとると、搾取や重税、徴兵などをとらなければならなくなり、民が望んでいないことが起こること」を預言しても、民はそれを聞き入れなかった様子がサムエル記上に記されています。

（注16）ヨナタンとは、サウル王の子でしたがサウルと争い、ダビデを支持しました。これまでダビデとヨナタンとの関係は「厚い友情で結ばれていた」と解釈されてきました。
（注17）ペリシテとは「海の民」とも呼ばれ、サウル王の時代、イスラエルと領土をめぐって争っていた民族。イスラエルよりも早く王制をとっており、青銅器の武器しか持っていないイスラエルに対して、すでに鉄器の武器を持っていたといわれています。

そして、神がここにおられることの象徴であった「神の箱」（別名「契約の箱」）は、闘いの時、その先頭で担がれていました（そして、後にその「神の箱」はまんまと敵の手に奪われてしまいます）。それは「神はイスラエルの戦争に直接介入してくださり、勝利をもたらしてくださる」と信じられていたのです。

他民族、他国の前では、やはり「国力」が必要となります。それは、戦争に必要な人力でもあるのです。ですから、国家が、民に対して、生の管理、性の管理を行っていったのです。そのために聖書の中の「神は男と女とに創造された」という言葉や「生めよ、増えよ、地に満ちよ」という生殖主義の言葉が強調され、利用されていくのです。もっと言えば、そのためにこのような言葉を書き記したのかもしれません。

また、「思い悩む」という内面を作りあげ、その内面を国家が管理することによって、性を、つまり生を管理していったのです。

日本に及ぼした影響

そして、そのシステムは、日本においても、明治期に利用されていきました。それまでの日本は、性に対してもっと「寛容」であったと言われています。というより、今のような性に対する考え方は明治期に形作られたものであって、それ以前からのものではないのです。たとえば、今のような結婚制度や家制度は、資本主義の流入により、生活の中心が農村共同体から都市部に移ることによって、「財産」を守るために作られたものであり、それまでは、農村共同体の中でいわゆる「よばい」が行われており、そこで生まれた子どもは共同体が育てていたと言われています。

倉地克直は『性と身体の近代史』の中で、キリスト教の宣教師が日本に入った時に、日本での婚姻をめぐる慣習と、キリスト教の教義とが鋭く対立していたことを指摘しています（倉地克直『性と身体の近代史』東京大学出版会、一九九八年、四〇頁）。そこで問題になっていたのは婚姻の単一性と不解消性のようです。つまり、今のように「一人の男と一人の女が結婚し、結婚すればその愛は永遠に保たれる」という形が取られていなかったことがわかります。結婚の形はずっと昔から貫かれてきたものなんだ、という考え方自体が間違った歴史認識なのです。

また、武家社会を中心に「男色」と呼ばれる男性同性間の性交渉は一般的に行われてきたことでした。

また、江戸時代には半陰陽（インターセクシュアル）を指す「ふたなり」という言葉もあり、落語の中にも登場しますし、江戸後期の春画には「尾の長い蝶」として、「翼状陰唇」を讃美しているものもあります。このようにインターセクシュアルも社会の中で自然に存在できていたようです（小田切明徳＋橋本秀雄『インターセクシュアルの叫び』かもがわ出版、一九九七年、八一～八二頁）

このように性に対して「寛容」であった日本の社会が今のような「男女二分法」「強制的異性愛社会」になってしまったのは、明治に入ってからなのです。しかも、その背景にはキリスト教が日本に入ってきたことも大きな影響の一つだといえます。

先に触れたように、キリスト教の宣教師が日本に入ってきたとき、キリスト教の教義とそのころの日本の性のありようが相容れなかったことは、ルイス・フロイスなどの文章に残っているようです（倉地克直『性と身体の近代史』東京大学出版会、一九九八年、四〇～四一頁）。

それが明治以降、とってかわったのは、明治政府がキリスト教の倫理観を利用していったからです。その背景にあるのが富国強兵制度なのです。それまで四〇〇年あまり鎖国をしていた（といわれていますが、最近ではそのこと自体があやしいと言われていますが）日本が開国し、諸外国との闘いがそこからはじまります。

そのためには、あらたに戦争の出来る国づくりをしていかなければなりません。そこで、キリスト教の教義にある「生殖を伴う性行為のみが祝福されたもの」という考え方を利用し、国力を確保するために、「国民」の性と生を管理していったのです。そのなかで、同性愛者に対する嫌悪感をはじめ、インターセクシュアルの存在を否定し、トランスセクシュアルの存在を受け入れなくなっていったのではないでしょうか。その背後には、戦場に行って戦ういわゆる「男」たちと「銃後を守る」いわゆる「女」たちを作り出すことによって、戦争を支えていくという富国強兵政策があったのです。

このように現在ある「同性愛嫌悪」やセクシュアル・マイノリティ排除の論理は、戦争を支える国造りの中で作られていったものであることを私たちは忘れてはならないと思っています。また、私たちの国がどんどんと戦争のできる国造りをしている中で、私たちが同じ渦に巻き込まれないためにも、私たちの存在を脅かすものの背後にあるものを見極めていかなければならないと思います。

「聖」と「性」

もう一つ、問題にしなければならないのが、「聖」と「汚《けが》れ」の問題です。これも、二分法に基づくものであり、二元論の影響があるのではないかと思います。「聖」を強調するために「汚れ」というカテゴリーを作り、そこにいわれのない人たちを押し込めてきました。(注18) そして、「性」も生殖に結びつく性を「聖」とし、それ以外の性を「汚れ」としてきました。けれども、それは人間が意図的に作ったカテゴリーであり、神の前では意味のないものなのではないでしょう

（注18）聖書の時代、病と共に生きる人やその関係者、「障害」と共に生きる人、外国人なども「汚れた者」とされ、共同体から排除されてきました。しかし、これは「律法」に対する間違った解釈に基づくものに他なりません。

か。特に自分だけを特化して、「聖なるもの」と強調することを、それによって人間がおとしめられていくことを神が本当に望まれているのでしょうか。決してそうではないと思います。

イエスはキリスト教を広めるためにこの世に来たのではありません。イエスは、ユダヤ教徒であり、当時のユダヤ教の欺瞞性をただすためにこの世に来て、当時の社会に対してそのことを明らかにしたのです。そのイエスが十字架にかかってこの世を去った後、イエスの弟子達によって作られ、はじめられたのがキリスト教なのです。イエスは律法の解釈の仕方が、本当に神が求めておられることからかけ離れていることを憂い、そのことを正そうとしました。だから、当時の宗教的指導者たちや権力者たちから疎ましく思われ、十字架にかけられたのです。

また、律法をよく読んでみると、貧しい人や「寄留者」と呼ばれる「他民族」や夫を失った女性など社会的に弱い立場に置かれた人たちに対する配慮が求められています。(注19) そのことからも、律法においても「汚れた者」というカテゴリーをつくり、排除することが目的ではなく、すべての人が生きるために必要な手だてを教えようとしていたのではないでしょうか。

さらに、イエスは徹底的に「汚れた者」の立場に立とうとしました。だから、当時の律法において、汚れた者に触れたら触れた者も汚れた者とされることをわかっていながら、当時汚れた者と言われていた病と共に生きる人にあえて手を触れ癒《いや》されたのです。この「癒し」とは、社会の偏見によるカテゴリーを壊し、乗り越えてくださったことへの喜びなのではないでしょうか。それは、当時の律法が陥っていたカテゴリーの危うさ、おかしさ、問題性をイエスは示したかったのです。そして、当時の社会の中で、「罪」とされてきたことが、本来は罪ではないということを、それらは社会の偏見にすぎないことを明らかにされたのです。

聖書が伝えようとしてきたこと

聖書が伝えてきたことは、「これだけがんばって神様の望むような人間になれば救いを与えよう」ということではありません。聖書は理想的な人間像を描き出し、そのような人間になることを求める書物ではないのです。もしそうであるならば、聖書の最初から神の理想通りに生きた人間を描けばいいはずです。けれども、聖書の最初から神様との約束をやぶり、しかも、その責任を神様に転嫁するアダムとエバの物語を書き、続いてアダムとエバの子どもであるカインは弟アベルへのやっかみから弟を殺しています。また、イスラエル民族の祖と言われるアブラハムは何度も「美人局事件《つつもたせ》」を起こしていますし、出エジプトの出来事を導いたモーセは、エジプトで殺人を犯しています。イスラエル王国の理想の王とされたダビデもその歴史の中で、スパイをしていた時期もありますし、自分の家臣の妻を見初《みそ》めて、その妻を自分のものにする

（注19）収穫の時に落ち穂を残しておくことが定められています。それは、貧しい人や社会的に弱い立場に置かれている人たちがそれを取って食べ、命をつなぐことができるようにするための配慮なのです。

ために、家臣を死においやっています。このように、人間の価値観で行けば「罪」を犯している人たちであっても、神は神の業のためにその人達を選び、用いられることがわかります。

そのことからも「理想的な人間像」が求められているのではなく、どんな人間でも神に愛される、かけがえのない存在であることを伝えようとしていることがわかります。

時々、「同性愛」が治ったら、「異性装」が治ったら救われると語っていたり、そのように思いこませる教会がありますが、「治る」という考えかた自体が、セクシュアリティに対する無理解と偏見からきています。性的指向は自分の意志で変更も選択もできないわけですし、ましてやかつて誤解されていたような「病気」や「障害」ではないのですから「治す」という考え方自体が間違っているのです。多くのキリスト者は、自分は罪人でなくなったからキリスト者になれたのかというと決してそうではないはずです。それでは、イエス・キリストの十字架はなんの意味も持たなくなってしまいます。

つまり、変わらなければならないのは、セクシュアル・マイノリティではなく、キリスト教会であり、そこに生きる一人一人なのです。

確かにかつての教会学校では「清い朝あけて神様に祈る。この日こそ強い神の子にしてください」「この日こそ清い神の子にしてください」（こどもさんびか二番）と歌われていましたし、良い子になることが求められているように思われがちでした。それはクリスチャン＝品行方正、清潔というイメージにも表れています。そのイメージが、キリスト者自身を縛り、苦しめてきました。けれども、最近では「どんなにちいさいことりでも、神様は愛してくださるってイエスさまのお言葉」「良い子になれない私でも、神様は愛してくださるってイエスさまのお言葉」（こどもさんびか一〇八番）と歌われており、どんな人間でも神様は愛してくださっていて、かけがえのない存在なのです。これこそが、キリスト教が伝えようとしているメッセージなのではないかと思います。

つまり、大切なことは、セクシュアリティの違いが「罪」でも「欠如」でも「とげ」でもなく、神様に与えられた賜物であるということです。そして、今のままで、変わらなくても、私たち一人一人の命が神様によって与えられたかけがえのない命であり、私たちの存在が神様にとってかけがえのない存在であることに気づくことです。

それを阻む考え方が社会の中にはまだまだたくさんあります。それを取り除いていくことが、今の私たちがしていかなければならないことかもしれません。そのためにはまず、自分自身が自信をもって生きると言うことだと思います。

よく、「神が与えられた試練」という言葉を耳にします。確かに聖書の中にも「試練」という言葉が出てきます。けれども、これはもともと自分の身に起こった事柄をどのように受け止めたらよいのかと悩んだ信仰の先達たちが、「神の与えられた試練」と受け止めて、そこを乗り越えようとしたのでしょう。聖書は、信仰の先達たちが信仰というものはこういうものと押しつけるためではなく、それぞれの人生の中でかちとった信仰の告白なのです。
それなのに、何かつらいことを体験している人に対して、「これは神が与えられた試練なのだから、耐えなさい」と語る人がいます。けれども、「試練」かどうかは本人が感じることであって、人が押しつけることではないのです。しかも、神は人を試される方ではないと私は思います。

つまり、どんな人であっても、すべての人が神の前で「幸せ」に生きる権利を持っているのです。それを阻むものを取り除くためにイエスはこの世に存在したのではないでしょうか。

以前、レズビアンの友人が聖書研究の中で「疲れた者、重荷を負うている者は私の元に来なさい。休ませてあげよう」というイエスの言葉について、「自分がこれまで背負ってきたものは自分にとってとても重いものだった。だから、歩みが遅くなったり、こけたり、疲れたりした。でも、イエスはその荷物を私のところにきて一度下ろしてごらん。自分が背負ってきた荷物を一度見てごらん。そうすれば、これまで『重荷』だと思っていたものもよく見たら、すごくいいものだったりする。そのことを伝えようとしたのではないか」と話してくれました。
私たちにとって、これまで「欠け」や「とげ」と思いこまされてきたものも、実はよく見てみると、「賜物」であったり、「宝物」であったりするのではないでしょうか。「幸せ」というのは、すでに私たちの中にあるのかもしれません。ただ、社会の価値基準などによってそのことに気づかされていないだけではないでしょうか。

3　死とは

天国とは

よく、キリスト者だとうち明けると受ける質問の中に「神を信じないと地獄に落ちるのですか？」というものがあります。これは、キリスト教が「天国」を強調してきたからでしょう。聖書の中に、天国を表す言葉として「神の国」という言葉もあります。

これまでこれは死後の世界を表すと思われてきましたし、今もそのようにとらえている教派や教会もあるでしょう。キリスト教の歴史においても、たとえば宗教改革の時に、マルティン・ルターたちが批判した当時の教会で行われていた習慣の中に「贖宥状《しょくゆうじょう》」というのがありました。これは、教会に多額の献金をすれば、天国に行くことができるとし、献金をした人たちに天国に入れるお札を配っていたのです。それが「贖宥状」でした。たしかに聖書の中にも、「永遠の命を得るためにはどうしたらよいですか？」という質問があります。

このように死というのは人間にとって「不安」や「恐怖」の対象だったのでしょう。

キリスト教では、「死」は永遠の終わりではなく、永遠の命が約束されていて、肉体は滅びても魂は神のもとで安らかに生き続けるというのが基本的な考え方です。

ここでやっかいなのが、「神を信じれば、永遠の命が約束される」というように、永遠のいのちを得るためにはキリスト者になることが求められているように語られることがあります。これは旧約のバビロン捕囚以前の神の救いが「もし、神を信じれば、神はあなたと共におられるが故にあなたを救われるだろう」というように「条件法」の形で語られていることに所以《ゆえん》しているのかもしれません。もう一つの考え方としては、キリスト教の中にあるマインド・コントロールの悪用ではないかと私は思っています。スティーブン・ハッサンは『マインド・コントロールの恐怖』の中で、マインド・コントロールの構成要素の一つとして「感情コントロール」をあげています。それは、「人の感情の幅を、たくみな操作で狭くしようとするもの」であるといいます。そこで人々をコントロールしておくのに必要な道具として、「罪悪感」と「恐怖心」をあげています（スティーブン・ハッサン著／浅見定雄訳『マインド・コントロールの恐怖』恒友出版、一九九三年、一二二頁）。つまり、この本の中で指摘されているような統一協会などの「破壊的カルト」だけではなく、既成のキリスト教も「信じる者は救われる」という言葉を巧みに使い、「キリストを信じれば、天国に行けるが、信じなければ地獄に堕ちる」という恐怖心を与え、その恐怖心から解放させるために、キリスト者になり、教会に来ることを義務づけ、教会という組織に人を縛り付けているのです。そして、教会を離れた人には「地獄に堕ちる」などという言葉を持って、罪悪感と恐怖心を植え付けてしまうことがあります。このようなメカ

ニズムを「信仰」という名の虐待だと指摘した方もいます。(注20)

けれども、ここでまず考えなければならないのは、「天国」が何を表すかです。実は「神の国」、天国というのは、死後の世界を意味するのではなく、今生きているこの世界を指すのです。以前、空海のことを扱った映画を見たことがあるのですが、その中で、洪水にあえぐ村を訪れた空海が、川の氾濫を防ぐための工事を提案し、村の人たちが総出でその工事に携わるのですが、大変な重労働につまずきそうになる村人に、空海が「あの世で幸せになろうと思うな」と繰り返し語る場面がありました。あの世で幸せになっても、この世で不幸であれば意味がないのです。同じように、イエス・キリストを通して神が伝えたとされることは、この世を「神の国」とすること、神が最初に作られ、理想とされる世界を、この世に実現していくことなのです。

イスラエル民族の神の基本的な理念は、神の前ですべての人が平等であるということでした。その生き方をすべての人に保証するために、「律法」という共同体のルールを与えられたのではないかと思われます（実際には共同体を守るために、共同体の中心メンバーが神の名のもとにルールを作っていったのですが）。その神の前ですべての人が平等に生きられる社会――つまり、一

（注20）マインドコントロール研究所編、パスカル・ズィヴィー、福沢満雄、志村真著『「信仰」という名の虐待』いのちのことば社、二〇〇二年

人一人がそれぞれありのままの姿で、その命や存在が脅《おびや》かされずに、生き生きと自分らしく生きることのできる世界が「神の国」として表され、それをこの世で実現することがキリスト者に求められている使命なのです。

地獄とは

「地獄」という言葉を聞いた時に、私たちは仏教が描く「地獄」をまず想像するのではないでしょうか。けれども、聖書ではもともとは「地獄」という言葉よりも「陰府」「黄泉」という言葉の方が多く用いられてきました。それは、私たちの抱いている「地獄」のイメージによく出てくる「裁き」の場というよりも、神の声が届かない、神から遠く離れた場所というイメージなのです。それが、新約では、天と地と黄泉という三層の世界観がもたれていて、黄泉と地獄は区別されています。黄泉は死から最後の審判、復活までの期間だけ死者を受け入れる中立的な場所と考えられ、それに対し地獄は最後の審判の後に神を信じない者が罰せられる場所と考えられていたようです。(注21)

しかし、そこで引用されている聖書の箇所を読むと、「地獄」という言葉は、かなり後代になって書かれた箇所に登場するので、いろいろな宗教の影響を受けたり、二元論などの影響を受けて、後に作られ、変遷していったものではないかと思います。

条件法から無条件のゆるしへ

バビロン捕囚を境に預言者を通して語られる神の言葉の口調が変わります。これまで「もし、神を信じるならば、神はあなたたちと共におられるが故にあなたたちを救われるだろう」という条件法から無条件の救いへと変わります。つまり、こちらの態度にかかわらず、神の救いは約束され、保証されているのです。そのことは前項で述べたようにイエス・キリストの十字架が「贖いのしるし」「ゆるしのしるし」であることにも表れています。つまり、私たちはすでに今のままで罪を赦《ゆる》された存在なのです。ですから、私たちは「地獄」という概念に縛られる必要はないのです。

しかも、この「罪」と「地獄」との関係は、先に述べたように「罪悪感」と「恐怖心」によって人々を縛るマインド・コントロールによるものなのですから、それよりも私たちはどんな人間であっても、神によって、救われていること、生きる意味と力や価値を与えられていることを共に喜びたいと思います。それは、神のことを信じると表明していなくてもです。キリスト者というのは、その神の救いに気づき、受け入れた人のことを指すだけです。その救いに気づいていなくても、その人にも神は救いと愛を用意してくださっているというのが、「福音」なのですから。

（注21）「地獄」「陰府」『旧約新約聖書大辞典』教文館、一九八九年

かつてカトリックの友人が、「ゆるしの秘蹟」は「いやしの秘蹟」だと言われたことがあります。「ゆるしの秘蹟」については、前にも触れましたが、実際に神父のところを訪れる人の多くが、本当は罪でないものを罪と思いこまされ、罪悪感を感じさせられているのが現実だそうです。その友人は「人は罪の意識を覚えるとき、心に傷を抱える。その人が罪悪感を感じることによって受けている心の傷を教会が共にいやしていく作業ではないか」と話してくれました。

今を生きる

キリスト教では、イエス・キリストは十字架にかかって死に、三日後に復活されたと信じています。これは、「奇跡」の物語と解釈するよりも、私たち人間がいつも不安に感じている「死」という壁を神の子とされるイエスも体験され、それを乗り越えられたということを意味し、死を乗り越えることによって、神が私たちに永遠の命を約束されたということを伝えるための物語なのです。「神は、その独り子をお与えになったほどに、世を愛された。独り子を信じる者が一人も滅びないで、永遠の命を得るためである」（ヨハネによる福音書三：一六）や「わたしは復活であり、命である。私を信じる者は死んでも生きる」（ヨハネによる福音書一一：二五）と約束されているのです。「それは、神が望む生き方をしたら与えてあげる」というものではなく、すべての人に与えられている約束なのです。ですから、死を恐れることなく、今与えられてる命を、今生きているこの場所で、自分らしく生き生きと生きることが求められているのです。

Ⅱ

一秒ずつ生きて幸せになろう　虎井まさ衛

第1章

信仰とセクシュアリティの立場

「はじめに」で、すでに概略を書いたような気もするのですが、信仰の立場という点では、私がしているものの視点で書いた場合、例えばキリスト教と比較すると、国内色（という言葉があるものかどうかわかりませんが、いわゆる国際色との対比語で、日本製の色合い、という意）が未だとても強く、十分な世界宗教になっていないし、数え切れないほどある日本の新興宗教の一つを宣伝しまくることになるので、ここでは「信仰」というものと少し違うのですけれど、いわゆる「精神世界」の観点から話を進めようかと思います。それならばワールドワイドですし、古いと言えばそれこそ神代の昔から人々の口にのぼっていたことかもしれません。

精神世界の探究と聞くと、ちょっと前の私などはすぐ「超能力」「死後の世界」「ＵＦＯなど未知との遭遇」などといった言葉ばかり思い浮かべたことでしょう。「オカルト（隠されている、の意。一般的には超常現象のこと）の研究や霊性（を高める）運動」ということになるのでしょうか。あらゆる宗教とも複雑にリンクしています。とても広く多岐に渡るフィールドをカバーするものです。

私などは「キリスト教的なるもの」に憧れ始めた幼稚園児の頃から、精神世界の一項目である死後の世界について絶大なる興味を抱いて来たのですが、四十一歳になった今日ですら、その世界全体の一角をかじった――と言うか、なめてみた程度にしか理解を深めていません。いわんや精神世界全域においておや、です。

けれども現在の信仰よりずっと長く、そしてキリスト教的なるものへの憧れより継続的に、追究してきている世界であることは確かであり、今の私の生活の基盤を成しているものと言えましょう。色々と方向はあるのですが、超能力者や霊能者や「宇宙人とコンタクトが取れる者」になりたいとは全く思いません。死後の世界についても、個人的見解をまとめることが、この頃できました。そしてそこは今ここに生きる私たちには、それほどいつも念頭におくべき所ではないと、思うようになりました。では私が一番重きを置いているのは何かと言うと、「魂を進化させる」ということです。精神世界の探究は、私にとってはその一事に尽きるのです。そしてもしある程度進化させることができたら、超能力も霊能力も思いのままで、エイリアンとも お友達になってしまうことでしょう。ですが、そうなることが目的であるわけではないのです。

虎井的精神世界とは

ありとあらゆるこの手の本から虎井方式の抽出を試みた、その核を書いてみます。まず――ああ、でも、これは私にとっては冒険です。今まで私は十一冊の本を書いてきたのですが、そのうち一冊は短編小説集で一冊はハリウッド・スターの伝記でしたけれど、いずれにしろ、どの本にも多かれ少なかれ「性同一性障害」にかかわることを書いてきたのです。みなさんが読まれているこの本も、結局はそうです。

しかし、どれにも現実的な側面――苦悩、医療、法律、制度などのことばかりを書いてきており、形而上的な話は敢えて、小出しにしかしてきませんでした、小さい頃から何よりも興味を抱いてきたことにもかかわらず、です。というのも世の大半の人が、少なくとも今まではこの手の話を、バカげたことだ、あるいは自分には関係ない特別なことだ、と思ってきたからです。私がそのような話ばかりすると、世の人々に「性を変えようと考えるような人間は、なるほどかなりイッちゃってる奴らなんだな」と感じさせてしまうのではないか、と恐れたからです。

今もそれは恐いことだと思います。しかし世の人々の霊性がだんだん高まってきていることは、「精神世界好き」の間でも日々感じられてきていることですし、物書きとして十九年間マトモかつマジメな発言を続けてきたつもりなので、しかも自分の「精神的な傾向」についても折りに触れて発信してきているので、今私がここで突拍子もないと思われることを書いても、世間の「性同一性障害」についての評価が悪い方向に変わるとは考えづらいため、初めてまとまった形で書いてみることにします。

(1)　全ては一つである

細かいことは様々あるのですが、まず、全ては一つであるというのが大前提です。宗教の中に探すと、アジアのものによく見られる教えではないかと思われるかもしれません。仏教にも言われることですし、日本の神道にも色濃く観られる教えです。今の西洋また日本などで精神世界としてさかんに言われていることは、はるか古代のアジアの教えにすでに説かれていたことがとても多く、発見するたびに驚嘆してしまいます。

人間も動物も、山川草木も全て一つの源から来たものであるから、一つなのだ。そういうわけです。確かに山川草木、石や岩、鉄やコンクリートも、神様のご意志が働かなければ存在することができません。ただそれ自体が人間と同じような魂をもっているかというと、魂はもっているかもしれませんが、同じようなものではないと思います（霊 spirit と魂 soul は、私は区別せず使っています、念のため）。

動物は、はるかに人間に近い魂を持ってはいるのですが、死んだ後に個性のある進化を遂げないところが人間とは違います。例えばシロという犬が死ぬと、しばらくはシロという犬の個性を持ちつつ霊界の一角にいたとしても、最終的には犬全体の霊のダンゴのようなところに混じってしまい、シロではなく「犬」という種類の霊の一部になるわけです。私はここはよくわからないのですが、世の犬全てはこの混じり合ったダンゴから適当な部分の霊がこの世に降りてきて、一匹ずつが魂を持つようになるのだろうと思います（ちなみに人間の次に高級なのは猿ではなくて犬の霊なのだそうです。人間と愛し合うこと、人に尽くすことで犬全体の霊格が高まっていったとか……）。

けれども人間は違います。再生ということはありますが、例えば虎井という人格を持った霊が死んであの世に行って、しばらくしてその同じ霊が全く別の誰かに生まれ変わる、ということは、何かよほどやり残したことがあるか特別な使命でもない限り、ないようです。Ⅱ部第2章で詳しく書こうと思うのですが、「私」という霊はとてつもなく巨大なもので、本当に想像もつかないほど大きなもので、何百という別々の人生と人格をもつ霊の集合体なのです。

「虎井人格」は「私」という霊のほんの一部に過ぎず、「虎井」が死んでも次にこの世に再生するのは、「私」――というか、「〈私という人格を持った霊〉を含むところの巨大な霊」の他の部分というわけです。人差し指が死んだら耳を行かせる、という感じでしょうか。人差し指は人差し指、耳は耳ですが、共に同じ身体の一部ですよね。

ではこの世に別れを告げた人間の魂はどうなるかと言いますと、永い時間を経たあとに、動物のように一つの塊に混じってしまうのですが、それは大霊、つまり神様、そういった呼び方が好きでないとしたら、大宇宙創造のエネルギーと言いましょうか、その中に還っていくのです。動物たちの霊ダンゴもそのエネルギーから分かれたものですが、人間の霊魂は、その大元であるエネルギーそのものに戻っていくのです。

全ては一つである、とはそういうことです。全ての魂の源は同じ。そして全ての人間には、同じ源から分かれた魂が宿っているのですから。

そして大切なことは、全ての人間が神性を宿しているということです。神様から分かれたものを命の源にしているのですから。全ての人が神性を、ある段階に達すれば発揮できるのです。天国、神の国と言うものは、私たちが自分の中にある神性と一つになった境地のことなのです。それを体現されていたイエス様はそのことを繰り返し述べていたのです。みんなが自分と同じようになれる、と。父と子と聖霊は一つであり、全人類が同じ素質をもっているのです。

聖書の次のような箇所は、実はそれについて説いたものだと言われています。

それだから、あなたがたの天の父が完全であられるように、あなたがたも完全な者となりなさい（マタイ五：四八）。

神の国は、実にあなたがたのただ中にあるのだ（ルカ一七：二一）。

それは、父がご自分のうちに生命をお持ちになっていると同様に、子にもまた、自分のうちに生命を持つことをお許しになったからである（ヨハネ五：二六）。

わたしと父は一つである（ヨハネ一〇・三〇）。

父よ、それは、あなたがわたしのうちにおられ、わたしがあなたのうちにいるように、みんなの者が一つとなるためであります。

…………

わたしが彼らにおり、あなたがわたしにいますのは、彼らが完全に一つとなるためであり、また、あなたが私をつかわし、わたしを愛されたように、彼らをお愛しになったことを、世が知るためであります（ヨハネ一七：二一～二三）。

(2)　神は法則であると言える

ではその「父」、つまり神様とはいかなるお方でしょうか。

お方、などと書くと人間くさいですが、いわゆる形があるわけではなく、「父」などと書き古されていますがもちろん性別もありませんし、人格を持つことなどはお茶の子さいさいの（私たち全員に人格を与えて下さっているわけですし）万能無限のエネルギーで、全てに一定の法則を厳格に守らせ、動かしているもの、つまりは法則そのものだと言われます。

惑星の運行、潮の満ち引き、春夏秋冬、生物の成長。それら全ても法則に拠っています。昇り来る日のきらめき、入りゆく陽の輝き、寄せては返す波の音、一つの小さな花の中。それら全てに神様が宿ります。トルーマン・カポーティの『クリスマスの思い出』を、ぜひ読み返してみて下さい。「……最後の最後に私たちはハッと悟るんだよ、神様は前々から私たちの前にそのお姿を現していらっしゃったんだということを……私たちがいつも目にしていたもの、それがまさに神様のお姿だったんだよ」（村上春樹訳）。

見慣れているかもしれない美しい風景の中にいること、それこそが神様にお会いしているのと同じことなのです。空が青いその法則、それもまた神様なのです。

けれどもあらゆる法則の中で一番大切なものは、「因果律」です。原因があって結果があること、自分でまいた種は自分で刈り取ることです。自分が世の中や他の人々にしたのと同じだけの、善いこと悪いことが返ってくるという、とてもシンプルな法則です。

ただこの「自分」がくせものです。ここでは一つの人生、つまり今これをお読みのあなたのことではなく、「あなた」という一側面を含む巨大な一つの魂を指しています。ですから何も悪いことができたはずのない、言葉も話せないうちに死んでしまう幼子も、悪の限りを尽くして得た栄華の中で、百歳近くまでの天寿をまっとうして死ぬ老人もいるのですが、それらの報いは「あなたを含む巨大な魂」の別の側面が受けることもあるのです。早く死んだ幼子は別の人格の時に幸せになり、悪の親玉は別の時にみじめに死んでいったりします。しかしそれらの側面が結局「自分」と別ではないということは、寿命を終えてしばらくすると、あるいは人によっては生きているうちに、おのずとわかるのです（人によっては「前世を（何代も）みた」と言うこともありますが、それは自分を含む魂の別の側面を見たということです）。

私が精神世界について学ぶ中で一番理解しづらかったのはここなので、この先もつい何回もクドクドと説明してしまいますが、私と違ってみなさんにはスッとわかっていただけることを祈ります。

全ての因果応報は、その巨大な魂の全側面の上に完璧に成就するのです。もちろん今生きているこの同じ人生の中で、自分がしたことの報い（善きに付け悪しきに付け）を得ることも、ひんぱんにあります。魂が進化している人ほど、善い報いが巡ってくるサイクルが早いそうです。

これら全ての法則——大自然の営みの全て、そして何十億何百億（地球人だけのことを考えてはいけません）もの、想像もつかないほど巨大な魂の上に、狂い無く因果律を働かせる力。正確無比の法則、たゆまないエネルギーの波動。それこそが神様そのものなのです。イエス様にも、私たち一人一人にも本当は同じだけ宿っている力なのです（宿っているというそのことを完全に信じることができた人の一人がイエス様でした）。シンプルで厳格で、かつ全ての事物の存在を許している、愛そのものなのです。

(3)　思いが人生を創る

もしあなたがたが信じて疑わないならば、……この山にむかって、動き出して海の中にはいれと言っても、そのとおりになるであろう（マタイ二一：二一）。

「思いが人生を創る」。これもかなり言い古されたことです。霊的な香りをうまいこと飛ばして、同じようなことがビジネスの啓発書等によく書いてありますから、精神世界ファンでなくともよく知っていることかもしれません。

「自分は成功する、と思い込めば成功するなんてウソだ。おれはずーっとそう信じていたけれど、大失敗して今晩首をくくろうかと思っている」という人も、ままおられるかもわかりません。それは先ほど書きました「別の側面での成功」を待つしかないのか、あるいは心の底は「こんなこと念じてみたって、しょせんムダさ……」と思っていたのかもしれないですね。

たいていの場合は、しかし、この「法則」もうまく働きます。「自分は幸せだ」と思っていると、不幸でも幸せになっていきます。「自分は金持ちだ」と思っていると、最初は赤貧乏でも少しずつ暮らしが上向いていきます。プラスのイメージを思い描くと、人生にも明るさが増していくのです。ついには、どんな不幸が襲ってきても、それが不幸だと思えなくなります。

ただ、自分のことばかり考えていると、なかなか進展しません。

私は「男の身体になる」ことが本当の、真実の悲願でした。「なりたい」などというナマやさしいものではなく、「そうなんだ！」「男なんだ！」「そうでないなら世の中の方がおかしいぞ！」と思い続けていました。今思い出しても、〈絶・対・に・男・な・ん・だ〉という想念を紅蓮《ぐれん》の炎の如く背負って生きていました。同じほどの念を誰かに向けたら、何十人呪い殺せたかわからないほど強いものです。しかし実際に男体となったのは二十五歳で、性別適合手術（いわゆる性転換手術）を受けようと決意してから十五年も経ってからのことでした。

そのあとは「なんとかして男の戸籍をもつのだ！」と思っていました。「もちたい」程度ではダメで、「絶対にもつ！」と念じるのです。初めて家庭裁判所に申し立てて却下になったのは一九九四年、戸籍上の性別変更が可能になる法律が施行されたのが二〇〇四年ですから、こちらも十年経っています。十歳で手術の決意をしてから法律上男になるまで、なんと三十一年もかかっています。ちなみに、「本を書く人になるんだ」と思い始めたのは三つくらいで、実際にライターとして独立するまでにも二十二年かかっています。

かくして色々と当時では無茶かもしれなかった夢を、二つも三つも叶えた私は幸せです。が、もしこの長い年月、自分の夢のことばかり考えずにもっと人の思いを推し量ったり、少しは自分の夢の実現が遅れてもよいから、力や金を誰かのために使ったりしていたならば、もしかするともう少し早くあらゆる夢が形になっていたかもしれません。魂を向上させることなどツユとも考えず、自分のためだけに日々を送っている人間に、何の善い報いがありましょうか。人も恨みました。嘆きました。心配もしまくりました。いつも絶えず不安でした。通常ならばこんな人間の夢は、なかなか実現しません。

しかし私は、資金繰りのことや将来のことや命を落とすかもしれないことや海外での手術なので言葉の問題があることなど、色々マイナスな面も考えてやまなかったのですが、自分の望みが「叶わないかもしれない」と思ったことはただの一度もなかったのです。その中でも「男の身体に」という思いは、自分でも信じられないほど強いもので、あそこまで念じ抜いたら鬼神をも動かせたに違いないと、自信をもって言えます。

思いが人生を創る、というのは、個人的な体験としても肯けるのです。あなたの今の有り様は、あなたの過去の想念が創ったのです。あなたのこれからの人生は、今、そしてこれからの想念が創るのです。

――簡単に書きましたが、これらのことが「(虎井的) 精神世界」での重要ポイントです。Ⅱ部２章で詳しく語る事柄もありますが、これらを一行で書くとすると、「全てに神様が宿り、神様を親にもつ全人類ときょうだいである自分も神様であるがその性質を発揮できていないだけで、その力を発揮させるためにも、善い思いと行動を心がけるべし」と言ったところでしょうか。シンプルですねー。でも、言うは易しというもので、実際にこれができた人々がイエス様を含む古今東西の霊的指導者たちなのです（彼ら彼女らが普段どういう心の状態であったかを、ほんのさわりだけでも体験してみる方法をⅡ部2章に書いてみました)。

あらゆる面で女から男になって

さて、次に私の「セクシュアリティ、性と生」について述べてみます。

——先ほど私は性同一性障害に関連した本を十冊以上書いてきたと述べましたが、九冊目になっても十冊目を書く時も、「初めて性同一性障害というものに触れた読者でもわかり易いような解説を付けなさい」と言われたものです。ここでも、やはりそこから入っていきましょう。

性同一性障害というのは診断名であり、心と身体の性別に違和感をもっている人が全員そうかというと、そういうわけでもないのです。また世の人の最も間違いやすいところである「同性愛が高じて、なるもの」ということでもありません。ここらへんは大月さんも触れられると思うので、簡単に記しましょう。

同性愛というのは、誰かに恋愛感情を抱かない限り発生しないものです。誰も好きにならない頃に自分一人の内側から湧き上がってくるものではなく、相手がいて初めて成り立つものです。自分の性的な欲望がどちらの性別（どちらでもない性別またはどちらも、という選択肢も含めるべきでしょう）に向くかという「性的指向」の問題なのです（この時、そうなりたいというニュアンスを含んだ「志向」、趣味や好みの話にされてしまう「嗜好」という語は使いません）。誰かを好きになった時、その人が自分と同じ性別であるとわかるくらい、自分の性別についてわかっていると言ってもよいかもしれません。

性同一性障害の場合、自分の性別が「生まれもったものと同じである」という自信はないか、「絶対に違う、反対だ」と確信しているなど、とにかくどうもおかしい、と感じます。自らの性別をどう認じるかという「性自認」に問題があります。心と身体の性別が一致しているという感覚が、そこなわれているのです。「自分」の性別の問題で、「相手」の性別は問題ではありません。

ただ、自分が何であるかわからないうちに誰かを好きになり、その好きになった相手が「身体的、社会的」に自分と同性だと周囲から思われている人だった時に、「自分は、では同性愛なのか」と思ってそういったコミュニティに入ってみるものの、そこの人々の多くが自分達の性別に深い違和感をもっていないために「どうも自分の居るべき所ではない」と思って出てみて、ようやく性別違和を感じる人々の所におさまる、という道程をたどる人が時折見受けられます。その人をもし周りの人がずっと見ていたとしたら、「あいつは同性愛から性同一性障害になった」と思ってしまうかもしれませんね。けれども違うのです。

私の話をすると、私は小さい頃から三十歳になるまで、女性の「イメージ全般」に淡い性欲は抱いていたのですが、特定の「あのひと」が好き！と思う相手は、全員男でした。ですから私は自分のことを、男性同性愛者だと思っていたのです。しかし私自身は自分の内側が男であると知っていましたけれど、彼らにしてみれば当時の私は女学生。「男同士」の友情も、ましてや愛情もはぐくめるはずもなかったのでした。私も自分の「女体」を使ってのどんな性的行為も、絶対に男とは（女とも！）する気がなかったので、自分からは誰にも働きかけたりせず、いつも片想いで終わったものでした。

不思議なことにこの同性愛傾向は、男性ホルモン投与を始めて私自身がどんどん男体になっていくにつれて、急速にしぼんでいきました。今思えば「自分がこうなりたい」と思う男に憧れていただけかもしれなかったのです。そして三十にして初めて女性と真剣な交際をするチャンスに恵まれ、今度は自分と違う性を生きる彼女たちに、すっかり夢中になってしまい、今は八年越しの女性のパートナーがいます。もはや法的にも婚姻可能です。

そういうわけで私は、自分がレズビアンだと思ったことが、ただの一瞬もないのです。

さて、話を「性別に違和感をもっている人」のみへと戻しましょう。ここからカタカナが増えてしまいますが、どうかお許し下さい。

まず、トランスヴェスタイトという人々がいます。異性装、いわゆる男装、女装をする人です。この人々の中には特別な性別違和がなく、本当に趣味としてする人、性的興奮を得るためにする人（特に男性の場合）などもおられます。が、多くは「その服装をした時に本来の自分にかえったように安らぐから」という目的で、異性装をします。

そして狭義のトランスジェンダーという人がいます。ジェンダー（社会的、文化的性別）を変えればよい人々で、周囲からの扱いに重きを置きます。自分で「こうだ」と思う性別として扱われたいために、ホルモン投与や上半身の手術をしてその望みの達成に努力しますが、表面的な社会生活上ではパンツの中身はほとんど問題にされないため、下半身の手術に興味を持つ人は稀です。また「自分が男あるいは女という二つの性のどちらかにあてはまるとは思えない。どちらでもあるし、どちらでもない」と考える人も、この枠に入るのだと思います。

トランスセクシュアルとなると、性転換症（性同一性障害の最も重いもの）と同義で、一人で素っ裸で鏡の前に立った時に、こうだと思う性別の身体、性器をしていないと気が済まなくなってきます。私はこれでした。なんとかしてペニスを付けるまでは、どんな楽しい状況に身を置いても、幸せだとは思えなかったのです。

そしてトランスヴェスタイトの人もその服装をしている時はそのジェンダーで、トランスセクシュアルの人はとにかく生きている間中その望みのジェンダーで扱われたいと思うのです。そして狭義のトランスジェンダーを含め、パートタイム、フルタイムの違いこそあれ、生活のどこかの部分のジェンダーを変えたいと思っているので、みんなひっくるめて「広義のトランスジェンダー」と言います。

このようにカテゴリー分けすることを好まない当事者もいますし、実際に自他ともにトランスヴェスタイトだと思っていた人がホルモン投与を始め、いつのまにか手術するトランスセクシュアルになっていったりする話は、枚挙にいとまがないほどです。が、少なくとも私が十年以上色々と悩み相談を受けてきた感じでは、「自分が何であるかわかって安心した」という意見が圧倒的に多いのです。「今現在の」自分が何なのかを知ることは助けになるようです。将来的にどう変わろうと自由なのですし。

ちなみに二〇〇五年現在の日本の診断基準では、狭義のトランスジェンダーの大部分とトランスセクシュアルの全部に、「性同一性障害」の診断がおりることになります。性別といっても肉体上のもの（セックス）に重きをおかず、医学の力で外見上の性別を変えることに興味がない人には、診断はおりないのです。

では、なぜ性同一性障害になるのでしょうか。霊的な原因の推測はⅡ部第2章1に記すとして、ここでは医学的なことを書きます。とは言えやはり、推測に過ぎません。何十年もあらゆる国の数多の学者が研究してきてはいるものの、未だ「これだ！」というものがないのです。二〇〇四年一月にイギリスの科学雑誌Ｎａｔｕｒｅに「脳の性分化のあり方はホルモンシャワー以前に、遺伝子によって決定されている」という論文も載ったそうですので、近いうちに遺伝子レベルの原因解明ができることになるかもしれませんが。

一九八〇年代後半までは、「育てられ方で異性になりたがるようになる」という環境説がまかり通っていました。しかし色々と研究が進み、「胎内では、胎児は最初みな女性。ＸＹの遺伝子があると男性器が女性（と言うか、何もなければ女性になっていく肉体）の上に発現する。すなわち睾丸ができ、そこから男性ホルモンのシャワーが出て、それまでどちらの性のものとも判然としていなかった脳を男のものとして染めあげ、心と身体とそろって男となる（先の論文では、このホルモンシャワー以前に脳の性別は決定される要因を持つと言っているわけです）。しかしその時期、通常では考えられないようなホルモン環境にさらされた場合、身体は男であっても脳は女の赤ちゃん、あるいはその逆のケースが生まれる。それが性同一性障害の原因の大きな部分を占める」という説が、九〇年代から今まで一般的になっていました。二〇〇三年あたりから「いや、環境説もやはり捨てがたい」という一派も盛り返したりと、かなり活発な研究分野ではあり、これからが楽しみです。原因がわかったからと言って、当人の苦しみの軽減にはあまり役には立ちませんけれど。

もしかして遺伝子によるものなのかもしれませんが、私の場合はこの「ホルモンによる脳の性分化アクシデント説」がドンピシャリとあてはまります。私の母は非常に流産しやすく、私の前に三人、後に二人流産しました。しかしどうしても子どもが一人欲しくて、私がおなかにいた時にかかりつけのお医者さん（女性でした）に泣きついたところ、「胎児が女の子だったら男性化する恐れがあるため、欧米では使用禁止になっている流産防止剤があります。でもそれはよく効くし、日本ではまだ使えるんですよ。どうしますか」と訊かれ、使う決心をしたそうです。ちなみに私は一九六三年生まれですが、六〇年代あたりまではどうあれ、現在使用されている流産防止剤には、この危険はありません。

そしてできたのが私でした。小さい頃からとても毛深く、眉の濃い子で、長じても年に一度くらい少量の月経があるだけ。ホルモン治療直前の血液検査では、「この二十三歳成人女性の血液は、十七歳の男子並みの男性ホルモン値を示している」という結果が出ました。つまり、生まれつきに身体そのものが、女性として不完全だったのです。男性寄りだったのです。今までに約四〇〇〇人の性同一性障害の当事者とやりとりしてきましたが、母親がこの手の薬剤を使用したと証言した人は四人いました（逆に三九九〇人強の人々には、直接には他の原因があるわけですが）。

付け加えると、私の時に使用したと思われるタイプの流産防止剤を使われて生まれた子というのは、おしなべて虚弱児が多いそうです。私も例に漏れず、月に一日か二日くらいしか幼稚園に行けなかったほどで、たいてい布団の上で本を読んだり、絵を描いたりしていました。一般的な女児よりも、ずっと大人しく育ったのでした（人形やママゴトなどには、ツユほどの興味もありませんでしたが）。ですから私のケースには、環境説はあてはまらないと思います。

いずれにしろ、誰が好きこのんでおそろしく風当たりの強い、とっぴな生き方を選び、若さ溢れる青春の日を手術代ほしさのために守銭奴として暮らし、命がけで何百万円もかけて手術をしようと思うでしょうか。よし好きでやったとしても差別されるいわれはありませんが、いずれにしろおそらく大半が生まれつきで、自分にはなんの責任もない理由のために背負わされた人生なのです――流産防止剤を使った母親たちにも医師にも責任はありません。彼女たちは、命の灯を消したくなかっただけなのです。この処置なくば私はこの世に生まれいでなかったでしょう。私は生まれてきたことに心の底から感謝しているので、医師にも母にも御礼が言いたいのです。イエス様も「母の胎内から独身者に生まれついているものがあり」（マタイ一九：一二）と言われているように、性に関することで生来の「通常ではないところ」がある人々というのは、はるか以前から存在していたのです。マイノリティではなくとも、独身の運命をもつ人も多いのでしょう（ちなみにこの「独身者」は英訳では eunuch「去勢された者・宦官」という単語が使われています。大月さんが詳しく解説されると思いますが、ここを読んだ時、私は私を含め生まれつき子孫を増やさない、増やせない者がいるということは、イエス様などはとっくにご存じで、そのために咎め立てされるようなこともないのだなあ、と嬉しく思ったものでした）。

運命と言えば、虚弱児になったおかげで本を山ほど読む子どもとなり、三つの頃にはすでに「本を書く人になろう」と思い、こうしてその夢を叶えたのですから、私の運命は祝福すべきものです。男になる（身体ばかりでなく法的にも！）夢も実現しましたし、人生で二つも大きな夢を叶えた私は、本当に幸せな人間だと感じています。一般的な人生ではありませんが、本を書く人間には一般的ではない人生の方が有利に働くものですし。

もちろん、ここまで思い至るにはやはりかなり苦しい日々がありました。

何を隠そう、もうどれくらい苦しかったかという感覚はすっかり忘れ果てており、友人のイトコでとても強い霊能力をもった人が、私を霊視して「あなたは苦労したわね～」としみじみ言ってくれた時も、「へー、そうなんだ……」と他人事のようにしか思えなかったのです。「苦労したことを忘れられるのは性格よ。いいわねえ」と、その人にも笑われました。

とは言え世の人々に、特にまだ日本での公式な外科治療が始まっていなかった頃、「手術によって、こんなにすごい苦しみから解放されるのです。どうか日本でも行われますように」と講演してまわるに際し、「苦しかったのは確かだけど、何だかあんまり覚えてなくてさあ」などと言ってはいられないので、子どもの頃からの日記を読み返してみたりして、様々なことを思い出しました。その時期に、芽の出ない創作小説から一変して、自分の体験を綴るようになっていったのでした。


今から綴るのは私のケース。女から男へのトランスセクシュアルの一典型のみについて記します。他のトランス・ピープル全般が同じであるわけではありません、念のため。

とにかく小さい頃から自分の肉体が嫌で嫌で、見るのも触るのも嫌で、暗い中で、できる限り皮膚に触れないように、着替えたり入浴したり排泄したりしていました。もちろんどうしてそんな風に感じるのか全く見当もつきません。あまりにも身体を憎む自分が、とてもバチあたりに思えました。顔も見たくなくて、鏡を覗かないように暮らし、ホルモン投与のおかげで二十三歳でヒゲがコンスタントに生え始め、毎日鏡に嬉々として向かうようになるまで、自分がどんな顔をしているのかよくわかりませんでした。

「三年B組金八先生」第六シリーズで、女優の上戸彩さん演じる性同一性障害の「女子」生徒が話題になったことを、覚えておられますか。なんとこの私、虎井がモデルなのですよ。と言いますか、私の自伝に出てくる私自身、あるいは私の友人のエピソードがいくつか採用されているのです。このシリーズの中ではその生徒が、女の声が嫌なあまりに喉にフォークを刺してしまう場面があり、「やり過ぎではないか」というクレームも聞こえてきましたが、これも私の友人が、焼き鳥の金串で声帯をガリガリこすり、男のようなザラザラ声にした話が元になっています。

私も自分の声が目眩《めまい》がするほど嫌で、口のきけない人のふりをしていつもメモ帳を持ち歩き、知らない人相手には筆談していました。胸のふくらみを隠すために炎天下でもサラシを巻いて歩いて、熱射病で道に倒れた時に介抱してくださった見知らぬ女性にも、「ありがとう」と声に出して言うことはできませんでした。

しかし！　十有余年のこの苦しみも、全ての性転換治療を終えた時には、きれいサッパリとなくなっていたのです。心と身体の性別が一致し、医学的には性同一性障害を克服したのでした。

手術全てを終えた時、人によって違うと思いますが、私の場合には、「日当たりのよい縁側に寝ている猫」というか、とにかく安心、安寧《あんねい》、心の平和を強く感じたものです。何ものにも侵されない幸せを得たと思いました。静かな幸せ。安らぎ。目に見えるもの耳に聞こえる音、全てが美しく類《たぐ》い希《まれ》で、日照りは神々しく雨は慈愛に満ちているように思われ、会う人は誰もが天使に見えて、朝起きるのが楽しくて夜に床に入るのが嬉しい日々でした。

今考えると、この時の気持ちをずっと保つことができたなら、私はとっくに、今の私がなりたい自分になり得たことでしょう。

しかし実際には、借金の山（手術代で六百万円かかったのですが、そのうちのかなりの額をクレジット・カードのローンでまかなったのです）がすぐ目の前に迫っていることや、将来への不安、生活の急激な変化等々、対処せねばならない問題がうず高く積もっていることに、ずいぶん早いうちから直面せねばならず、人生最高の幸せ月間も長くは続かなかったのです。

そのうちでも最大かつ重要な問題は、私の場合、戸籍でした。戸籍上の性別です。日本でも二〇〇四年七月から、戸籍上の性別変更を認める特例法が施行されまして、私もめでたく「長女」から「長男」に変えることができましたが、私が最後の手術を終えて帰国した一九八九年には、そんな動きは毛ほどもなかったのです。

「トランスセクシュアルは心と身体の性別が一致すればいいんでしょ？　どうして紙きれの上の性別まで変えたいと思うの？」と多くの人たちに訊かれましたが、きっとそう言う人は、「私のようなタイプ」の者たちは「性転換すること」自体に異常な情熱を注いでいるのだ、と思い込んでいるのでしょう。違うのです。確かに「虎井タイプ」は戸籍やジェンダーよりも、肉体を心の性別に合わせることの方がはるかに重要だと感じます。が、その上で通常の男として、あるいは女として、一般的な市民生活を送ることも、心底から望んでいることなのです。

一体に、元々自分の性別が戸籍上の性別と一致していて何の問題もない人というのは――そういう人の方がおそらく大多数ですが――〈外見と心と生活上の性別〉と〈法的性別〉がくい違っていることの不自由さを、想像してみることも稀ではないかと思います。

私や私に相談してきた人々の主な悩みとしては、まず就職や部屋の賃貸が、できないか、困難である。昔は履歴書の性別欄の好きな方の性にマルをして出し、アルバイトならできたものですが、今は特に社会人の場合は、アルバイトでも雇用の際に保険に入れようとするところが増え、雇う前に住民票や元々持っている保険証など、性別が明記された書類の提出を求めるところが多くなってきたそうです。

年金手帳、銀行預金通帳、各種カード類の作成が、できないか、困難である。

選挙の投票がしづらい。外見と異なる性別が入場券、あるいは受付のコンピューター画面に出るため、入り口で本人かどうか疑われるからです。

結婚は不可能。

保険証上の性別をみせるのが嫌で医者にかかりづらい。私の友人はこのせいで、癌の発見が遅れて三十二歳の若さで、激痛にのたうちまわったあげくに死んでしまいました。

パスポートの性別が元で、暴力を受けたり殺されたりする場合がある。大月さんが書かれると思うので事実を記すだけに留めますが、キリスト教国は概してセクシュアル・マイノリティに不寛容で、特にアメリカは過激です。一カ月に一人は差別犯罪の犠牲となり、殺されたトランスジェンダーたちの追悼サイトもあるくらいです。私もアメリカで手術をすることになって度々訪れましたが、もし私の〈女性〉としてのパスポートを心ないアメリカ人に見られてしまったら、どんな目に遭わされていたかわかったものではありません。

このように戸籍（と連動する書類）上の性別が違っているだけで、一市民として通常行い得ることが困難・不可能な場合が多いだけではなく、健康や命までも危険にさらすことになるのです。

それで私も、仲間を集めて一斉申し立てをして司法に訴えかけたり色々やってみましたが、「とにかく拠るべき法律がないと」ということで、ことごとく却下されました。

しかし救いの手は差し伸べられました。二〇〇三年七月に、様々な条件を満たした当事者に戸籍上の性別変更を認める法律ができたのです！　先述の如くそれが〇四年に施行されたおかげで、私は今や長男になりました！

——と簡単に書きましたが、スッタモンダはありました。ここはそれらを述べる場ではないので詳しいことは拙著『男の戸籍をください』（毎日新聞社）、私も一文を書かせていただいた『解説・性同一性障害者性別取扱特例法』（南野知恵子監修・日本加除出版）をご参照ください。

私にとってはありがたいその法律にも色々不備があり、当事者の中で切り捨てられる人も多くおります。それで公文書からの性別欄撤廃のためにも多くの仲間がそれぞれの地元で活動して、確実な成果を挙げてきています。とは言え社会全般の啓発が進まない限り、切り捨てられた人々、あるいは手術もして戸籍が変わっても、外見や声などが原因で元々の性別が露見してしまう人々は思うように救われません。また私も二十年近くそのための貯蓄や借金返済で苦しんだ、高額な医療費の問題もあります。

まだまだ、まだまだです。

たとえどんな私でも幸せ

しかし、特に性同一性障害ゆえの何らかの苦しみを負っているみなさん。そしてもちろんそうでないみなさん。これらの問題を抱えながらも、どんな大岩を背負っていようとも、霊的な救いを得ること、悩める心を鎮めることは可能です。病多き両親（父は病の末にこの世の人ではなくなりましたが）と金銭苦、そしてつい最近まで、戸籍上の問題の多くを抱えていたにもかかわらず、私は常に絶大なる幸いを感じて生きていました。信仰をもっていようといまいと、それは可能なのです。

ですから私は自分の風変わりなセクシュアリティ全てに「よし」と言うことができるのです。手術を終えるまでは幸せは訪れないと信じ込み、他の種類の救いに思いを馳せる心の余裕もない私でした。信仰も「なんとかして手術を成功させて下さい」とばかり祈り続けていただけで、慰めを得る目的はなかったのです（自分のことより他人のことを祈るべし、という教えなのにもかかわらず、です）。それでもそのような心もちになり得たのです。

おそらく脳の性分化の際のアクシデントでトランスセクシュアルとして生まれ、やや不完全な女体ではあったものの心と身体の性別のくい違いに悩みつつ、男の意識で男に憧れる青少年時代を過ごし、小学生の頃からそのために貯めた金プラス莫大な借金をもって海外で全ての手術を済ませ、三十歳からは男性異性愛者（つまり女性を好きになる男）として突っ走り、現在のパートナーと巡り逢い、戸籍のことに悩まされつつもそれも克服し、法的にも男になったというのが、私の性と生。「中年から晩年にかけて盛運」ということでしょうか。

もし昔から、「Ⅱ部第2章2幸せとは」に書いたような気持ちの持ちようでいたならば、どんなに辛い時でも幸いを感じることができていたかもしれません。が、結局のところ日記を読み返さない限り「どんなに苦しかったかなんて思い出せないや」と言える今がある、それで十分です。

参考文献

トルーマン・カポーティ著／村上春樹訳『クリスマスの思い出』（文藝春秋、一九九〇年）

南野知恵子監修『解説・性同一性障害者性別取扱特例法』（日本加除出版、二〇〇四年）

虎井まさ衛『男の戸籍をください』（毎日新聞社、二〇〇三年）

この章で使用した新約聖書は、日本聖書協会発行の、一九七六年版です。

第２章　それぞれの視点から

１　セクシュアリティとは

なぜ人は、精神的性、肉体的性、性的指向といったあらゆる場面で、どちらとも言えない性になることがあるのでしょうか。もちろんここでは、脳の性分化がどうしたということではありません。霊的なお話です。古今東西の数え切れないほどの人々が、どうして生まれついての、典型的な性別に安住できないのでしょう。魂の性別の決まり方に秘密があるようです。

魂に性別がある？

Ⅱ部第１章の中の「全ては一つである」という一文の中で少し触れましたように、「虎井」

という人格の霊がまた地上に生まれ変わって、例えば「中村さん」になる、と言うようなことはものすごく稀で、次に地上に生まれていくのは、喩えて言えば「虎井という面を含む巨大な多面体である魂の、別の側面、別の人格」なのです。もっと詳しくは「3　（この世の）死とは」で述べます。

しかしどの面もバラバラにあるわけではなく、連なって大きな塊を保っているわけです。つまり連続しているのです。

時間というものは、霊の世界には存在しません。全ての面の生涯は、同時に起こっているのです。けれどこの世的な考えに合わせようとするとわかりづらい話になってしまうので後述するとして、時間というものがあるとしますと、私のすぐ前の前世、つまり私という面の前にこの世に降りていた別の面は、染め物の技術が発明された直後の京都で、染色を仕事としていた女の人だそうです。何か新しい手法を思いついて、染色技術全体を発展させた人だとか。かわいそうに二十歳で不慮の死をとげたということです。

各々の面の人生は多少なりとも似るものだそうで、確かに私は〈性転換〉ということについて初期の人間ではありませんが、日本では〈女から男へ〉全ての手術をしたと公表し、それを活かして色々やったという点では目新しいかもしれません。また二十歳の時に、車にひかれかけたこともあります！　その時に命を落とさなかったのは、少なくとも前世の面より進化する可能性があったというわけらしいので、心して精進しなくてはなりませんね。

さて話を元に戻しますと、私の前世は女。そしてもし私が、私を含む巨大な魂の最終進化形、要するに悟ってしまった人になり得ない場合――もちろんなり得ないと思いますが――私の次の世があって、それはきっと男です。

前の前の………世からずっと女、女…………で来た場合、いざ男の人生を送ろうと思っても、いきなりキッパリと「らしく」は行かないのだそうで、女がずっと続いたあとには、一人ほど中間的な人が出て、その次の世で男になるのだそうです。赤がずっと続いていって、次に線を引いたごとくはっきりと青になるのではなく、紫が少々混じって青へと続いていく――そんな感じです。私の場合もこれにあてはまるのか、ぜひ知りたいところです。男から女の場合も、もちろん同様です。青が続いて、紫、赤です。

そして、これはもしかするとこのような話をしたり本に書いたりする霊能者さんたちが、この手の知識が欠落していて区別していないのか、あるいは霊的には一緒くたにするものなのかわかりませんが、いつも同性愛と性同一性障害は、全て同じ説明で片づけられています。自分の肉体の性と同じ性を求めることは心の異性化で、性愛云々よりは身体を変えることを求めるようになるのも心の異性化の極端な形である、というわけでしょうか。一応「同性愛と性同一性障害は別のものである」と説明されている医学や性科学の観点の方が、現実的な治療を求める当事者にとってはありがたいものですが、霊的な差異はそれほどないものなのかもしれません。

講演先で、よく「性同一性障害の人が、この頃とみに多くなったような気がするのですが、どうしてでしょうか」と訊かれることがあります。「この頃増えたというわけではないと思います。はるか以前からどこにでもいたはずです。ただ現在は、医療的解決の道もひらけたため自分が『これなんだ』と自覚することができるようになったし、社会の認知も進んできたので、声をあげやすくなったのかもしれませんね」などと応えたりしていますが、実際のところ、増えているのかもわかりません。人口が増えるに従い、あの世へいく人もどんどん増え、「次の面」がこの世へ降りてくるサイクルが早まっているのだそうです。そうしますと「紫の人」も多く出現することになりますしね。

起こる事柄に色づけするのは自分

……なんだかこのように面白おかしいように書いてはいますけれど、どこに生まれ出た「紫の人」も、今も昔も、悩み多い一生を過ごしていることと思います。キリスト教などの信仰を持っていない当事者でも、「肉体を改造しようなんて罰があたるのでは。神を冒瀆することになるのではないだろうか」と感じたことのある人は、少なくないはずです。本当のところ、性同一性障害の当事者はそうでない人と較べて、何かしらの信仰を持っている割合が、非常に高い印象を受けます。問題の重さや道のりの長さ、また肉体に、それに連れて人生に大転換を加える不安、それら全てを乗り切るための支え、拠りどころが欲しいのではないか、そう思います。けれども多くの「教団」や「教義」は、性転換に否定的な態度をとっているのではないかと推測されるので、「頼りたいかたから〈あっちへ行け〉と言われている」心境に追いやられてしまう人も多いのではないでしょうか。

そんなみなさん、聴いて下さい。イエス様の場合もそうですが、教祖の想いがそのまま伝わっている宗教は少ないのです。ほとんどは後代の信者たちが、その時代の文化や風習、そして自分たちの発展に益するような解釈を加えたものを、現在も守るように強いているに過ぎません。もちろんそれらが全て悪い内容のはずもなく、精神世界や昨今の新興宗教にも、特に根底を流れる教えは非常に似通ったものがあり、それらは真に人として大切にすべき事柄ばかりです。愛。奉仕。滅私。節制。謙譲。共通項は色々です。

ただ多くの聖典が、書き手の主観が多分に入ってしまっているものであり（たとえ霊感を受けて書いたものと言っても、授けられたその霊感は内容の根本についてのもので、細部は書き手の自由意志が働いている、と多くの本で読みました）、書かれてからしばらくしてからはいくぶんかでも編纂されてしまっているものが多いので、自分（たち）が理解、共感できない人々を排除する内容を、つい付け加えてしまっているものが見られるとのことです。

神様は全てです。善であり悪である……？　いえ、そのような区別もなく、あるがままの全てです。というより、全ての元。この世の全て、あるいはあの世も含め、全てを創造した絶大なるエネルギーであり、その全てを狂いなく運営する法則です。

自分の性別に全く違和感を持たない女らしい女性が、病気などでいきなり乳房を切除しなくてはならなくなったら、それこそ身を切られるように辛いことでしょうけれど、女性から男性へのトランスジェンダーであれば、自分の手で切り落としたいと思っていたりします。このように一つの物事をとっても、正反対の感じ方をする場面は多くあります。「物事」「現象」「状況」などは、それら自体は何の感動もなく、ただ発生するものです。「悲しいできごと」というものはなく、起こった「できごと」そのものを「悲しいと思う人」がいるだけの話です。

かくして全ての物事に、「よい」だの「悪い」だのとレッテルを貼るのは、人間の仕業というわけです。

旧約聖書の神様は、なんだか怒ってばかりいるおっかない方ですが、大元の神様というものは、感情を持たない――というより冷静で巨大な愛そのものなので、何も排除しません。怒りません。罰もあてません。罰をあてたり呪ったりする神様がいるとしたら、大元の神様ではなく、ある程度の力を持った霊体に過ぎないのではないかと思います。旧約の神様がそんなものであるはずがないので、伝え手や書き手が人々を正しく導くために、恐れるべき気難しい「父」に仕立てたのかもしれません。

バチがあたるということはない

ではなぜ、あたかも「罰があたった」ようなことが起こるのでしょう。それは結局は、自業自得なのです。神様であるところの法則の中で一番大いなるものは、一〇九頁にも書きましたように、「やっただけのことが返ってくる」というシンプルかつ厳格で狂いなき決まりなのです。法則にのっとって痛い目をみた場合、「痛い目を見せてやろう」という神様のご意志が働いているわけではないので、罰があたったとは言えないと思うのです。

ただ、人を殺したら自分も誰かに殺される、という類のシンプルさではないことが多く、殺されるのと同じくらい、死にたくなるくらいのひどい状況になるか、事故に遭って死ぬとか、そういった出現になるかもしれませんし、あるいはある種の強運の持ち主で「自分の面」の時には出なかったけれど、「次の面」の人生で誰かに殺されたりするかもしれません。が、「あなた」を含む魂の全ての面がこの世を卒業する時までには、全てのツジツマが合っていることになるのです。

たいていは、しかし、自分の在世中に帳尻を合わせることになるつもりで生きていくべきでしょう。そう考えて言動を律すると、多くの幸運を呼び寄せる元にもなります。ですから「自分を愛するように隣人を愛せ」というのは至言なのです。愛しただけ愛され、憎んだだけ憎まれるのですから（「愛されたいから愛そうっと」と言う気持ちで行う場合は、本当の愛とは言えないので、返ってくるのも偽物の愛であることでしょう）。人々から愛され、明るく生きていきたい時には、人々を愛し、光を振りまくことが必須となるのでしょう。

さて、拙著『ある性転換者の幸福論』（十月舎）にあります「性転換は神を冒瀆する行為か」という一行が、大月さんには胸に響いたそうですが、このように「罰があたる」こと自体が「ない」わけですから、冒瀆行為だとは言えません。冒瀆行為にあたるものがあるとしたら、「なんで自分をこんな風に生んだんだ」「なんで自分だけこんな目に」「苦しい、つらい、死にたい、生きてたって仕方がない」「なんで社会はおれたちを差別するんだ」等々、天や親や世間や自分の人生に恨みつらみばかり抱いて、後ろ向きに生きることです。

人間の感情はものすごいパワーを持つので、マイナスの感情を抱いてどこにも持って行き場がない時には、健康を害したり、生活に不具合を生じさせたりします。これが罰のように感じられることもあるでしょう。親や周りの人々に対してマイナスの感情を持ちすぎて彼らを悲しませると、それと同じくらいの量の悲しみを、何らかの形で背負わされることにもなります。

性別適合手術を終えても、「ちきしょう、こんなはずじゃなかった。金返せ」「せっかく終わったのに、周囲の状況は何も変わらない。取り返しがつかない分、かえって悪くなった」「結局、何をやってもダメなんだ」と思ってしまう人々がいますが、長期的に観ていても、そういう思いを抱いたままの人は、いつまでも不幸の中に生きるか、消息不明（おそらく自殺）になってしまう場合がほとんどです。性転換なんかしたら罰があたる、と考える人にしてみれば、「それ見たことか」と感じられるでしょう。

たとえ思ったような結果にならなくとも（特に女性から男性へのペニス形成は、どこの国で行われるものも未だ不満足なものばかりです）、「少なくとも前よりマシだよな」「周囲が変わらないのは当たり前さ。下半身を出して暮らしているわけじゃなし、変化を示せないんだからな。自分としては満足、それでいいや」「昔と較べたら幸せだよな」と感じられる人々は、少なくとも性転換したこと自体が原因で不幸になることはありません。

それどころか術後に初めて「生きてるって素晴らしい！」と心の底から思えるようになった、という声もよく聞きます。私もそうでした。物事は、「ただ起こる」だけのものですから、自分の受け取り方でそれをプラスにできるのです。そしてより楽しく生きられるようになると、周囲にも優しく接し、世の中から優しさが返ってくるようになるのです。

そこから生まれる神様への感謝もあることでしょう。神様が感情を持っていると仮定した場合、たいした苦労もないのにブツブツと不満だらけで生きている性的多数者よりも、キテレツな人生だけれど祝福を感じて天に向かって「ありがとう！」と叫び続ける性的少数者の方が、ずっと愛しいと思っていただけるような気がするのですが……。

実際には、神様は「どちらの方が、より好きだ」などとは思わず、とにかく平等です。「性転換だなんて、身体を造り変えるなんて、とんでもない奴らだ。頭がおかしいのだ。見るのも汚らわしい」と思うような人は、いつか誰かからそのように扱われることになる、というのは決まっていますけどね。どのようなセクシュアリティであっても、そうであることで周囲や自分を故意に痛めつけたり（「こうなったのはあんたが悪いんだ」と親などを責め立てたり、自分の生まれを呪ったり）しない限りは、神様の冒瀆にはなり得ないのです。自分の命を憎むこと、それこそが最大の冒瀆なのです。命、魂そのものが神様の一部に他ならないのですから。

参考文献
アイリーン・キャディ著／山川紘矢・山川亜希子訳『愛の波動を高めよう』（日本教文社、二〇〇三年）
虎井まさ衛『ある性転換者の幸福論』（十月舎、二〇〇一年）

2　幸せとは

なぜ辛い人生になるのか

たとえば性同一性障害を抱えていた時、「親を悲しませたくない。誰も悲しませたくない。神様に与えられた肉体をいじりたくない。この〝重荷〟を背負ったままで歩いていこう。そして他のことに喜びを見出そう」と心底思うことができて——自分の心をいつわるのでもなく、自分さえ犠牲になればという悲壮な思いもなく、背負った荷そのものを直視して、そう決心することができ、その上でその生涯をまっとうするというのは、素晴らしいことです。

また、「このままでは心も身体もこわしてしまう。色々と障壁もあるだろうが、お医者さんたちに人間のできること全てをしてもらって、何もかも吹っ切って、幸せになろう。そして周囲にも、その幸せを分けて歩くのだ」と決め、手術、法的諸問題、人間関係や仕事のこと等を一つ一つクリアしていって、霊的に大きく成長するのも正しい道です。

いずれにしろ、その人自身の進化に大きく役立つ状況であると思います。

ご自分を分け与え、この大宇宙全てのもの、森羅万象を創造された方。一つの花の奥をジッと見つめる時、一つの天の下に寝転がる時、同じ神秘の思いにとらわれます。全てに同じものが分け与えられて宿っている。あなたにもです。私にもです。アリにも象にもです。

こんなすごいことのできる「絶大なるエネルギー」が、目に見える障害や見えない障害、ひどい病気、生き地獄のような人生を抱えた人間たちを、〝失敗作〟として送り出すものでしょうか。だいたい全ての人を完璧にして、何の欠乏もない幸せな人生を与えることすら、簡単にできそうなものではないですか？　性に問題を感じる人など、もしも「あってはならない人々」だとしたら、初めからこしらえずにいることは可能だったはずです。けれども果たして世の中には、性に問題のある人も、他の問題を抱えた人も、いないわけではない。と言うよりも、問題のない人を捜し出すほうが至難の業です。とすれば何らかの意図があってそのように創られたに違いないのです。

実のところ、「創られた」というほどには受け身であるわけではなく、巨大な魂としての自分を完成させるために、つまり早く全体として上の世界に行くために（「3（この世の）死とは」で詳述します）、「今の面ではこういった問題を学びそこなうから、そこを補うために次の面はこういう家庭に誕生させよう」「今の面では他人を酷使するひどい雇い主だから、次の面では誰からも相手にされない境遇を味わわせよう」と、各面が相談して次の面の行き先を振り分けるのだ、という記述をよく目にします。つまりどんなにひどい人生でも、大きな意味での「自分」が選んだ道である、というわけです。それを忘れ果てているために、「どうしておれだけがこんな目に……」と嘆くことになるのです。この世の生を終えてしばらくすると、自分がどうしてあのような人生だったかという謎は解けるでしょう。

私が性同一性障害であった理由も、私という面を含む巨大な魂が「よかれ」と思って、全会一致で決めたことですから、致し方ありませんね。「そうであった」ことを活かして、ポジティヴに生きていくしかありません。フツーの人生よりも大きな問題を抱えた人生の方が、悩みの途上で、生きるとは何か、神は在るのか等の問いに真摯に向き合ったり、あるいは問題が解決された時に、自分を超える何かにひどく感謝したくなるなどして、飛躍的な霊的成長をとげる場合が多いそうですし。

幸せになるカンタンな訓練？

私は今まで両方の性を約二十年ずつ経験したので、男も女もどちらも同じくらい尊ぶべきであることを身をもって知っています。世に受け入れられづらい仲間たちで力を合わせて状況を改善していく喜びも、魂をふるわせる経験です。しかしそれらもさることながら、やはり自身の手術を全て終えた時のあの多幸感が、魂全体にとって最高のステップアップになったと思うのです。「世界は私に優しい！　この世の全てがＯＫだ！」と思えた、「そう思おう」とせずとも自然に思えたあの日々。人生最高の気分でした。この時の幸せな感覚はほどなく消えたのですが、気持ちにネットを張ってくれたのか、あれ以来昔のようにひどい気分に落ちることが一度もないのです。そして今、訓練によりあの多幸感を日常的に取り戻しつつあります。

「幸せになる訓練だあ？　そんなもんがあるなら、この世に不幸な奴なんかいねーよ」とおっしゃる人よ、聞いて下さい。

「そういうものがある」「自分にそれができる」と信じることができる人の、なんと少ないことでしょう。私などは非常に単純、単細胞だったので、十歳の時にテレビで初めて性転換について知り、「よーし、大人になったらやるぞ！」と決め、できるかどうかなんて疑いもせずに突っ走って、結局やりとげましたが、「あなたと同じ時期に自分も性転換というものを知りましたけれど、自分にできることだと思わずに、三十になるまで一歩も踏み出せませんでした」といったような手紙やメールを、何百通受け取ったことでしょう。

「思いが人生を創る」。このことを信じることが第一歩です。「幸せだ」と思えば幸せになれるのです。「ウソつけ！」と思ったあなた、その時点で〈幸せは外から来ると思っている人々〉の仲間入りです。そうではありません。言い古されたことですが、幸せの青い鳥は自分の家にいるのです。

いくら大金持ちになろうと、不治の病に苦しんでいたら？　いくら有名になろうと、世界中にファンがいようと、自分のたった一人の愛する人に愛されなかったら？　いくら世界最高の性別適合手術を受けようと、どうせ作り物であるという思いにさいなまれて満たされなかったとしたら？

四畳半一間で暮らしていても、健康で働くことができ、家族と楽しく笑いながら食卓を囲む毎日だったら？　全く無名のフリーターでも、相思相愛のパートナーと過ごす休日があればそれでいい、と思っていたら？　性別適合手術の結果が、ボンレスハムにしか見えないペニスだったとしても、自分は世界の頂点に立った、と思えるほどの喜びに包まれたとしたら？

幸福も不幸も、考え方一つです。

いわゆるポジティヴ・シンキングと言いますか、物事の善い面を誇張して考えるクセをつけるのも手かもしれません。私もやってみていました。一つ一つ感動してみるのです。

朝、カーテンをあけると良い天気でした。「おーっ、神々しい、なんと美しい太陽、このお日様を見ただけでも生まれてきてよかったぞ！」

新しい練りハミガキをおろしました。「おやっ、なんと絶妙なミントの味！　今までで最高のハミガキではなかろうか。うーむ、おいしいぞ」

朝食のテーブルにつきました。「見てくれこの目玉焼き！　半熟の具合がなんと好みであることか。しかもそのやわらかそうな黄身がなんと美しく朝日に照り映えて……。よーし、この一皿の恩恵を受けて、きょうも頑張るぞー」

……やり初めてしばらくは、「バカくせえなァ」と苦笑していたものですが、実に段々と不満が減ってもいったのです。

「あれ、きょうも雨か。まあいいや、きっと次に晴れた時よけいに嬉しいかもしれないしな」

「あっ、歯茎から血が！　じゃあ朝はミントで、夜は塩入りのハミガキにしよう。一日に二味なんてラッキー」

「卵を割ったら血がついてた！　うーむ、伊丹十三氏がこんな卵と〝処女〟を関連づけてなにか書いてたな……。きょうは電車の中で伊丹作品を読もうかな」

こうして純粋な小さな幸せと、むりやり幸せそうに仕立てた事柄だけで成り立った日を、一日一日と積み重ねて暮らすことは、とても穏やかなものでした。大失恋だの家族の死だのという大きなことも、淡々とした日々の中に飲み込んで「ある点景」にしてしまうと、それほどの悲劇ではなかったように思われます。

私のこの日々には、通奏低音として「信仰」というものが流れており、大小の幸せを感じるたびに、短く感謝の祈りをつぶやくのですが（このことは強制されているわけではなく、自発的にやっていたらクセになってしまいました）、「感謝」というものも、自分の魂と大元のエネルギーにとって、素晴らしい影響力をもつものだそうです。自分自身の幸せを深めるためにも最も効果的なのです。

もちろん信仰を持たずとも、感謝、あるいは畏敬の念、心底からの幸せ、またはそれに似た思いを抱くことは全く可能で、てっとり早いのは、美しい自然の中で静かにしていることです。そしてその感覚を、日常的に抱き続けることです。

さんさんと差す春の陽が、若葉の間からきらきらと降り注ぐ草の上に座ること。人のいない浜辺でじっと海の声に耳を傾けること。一人で月を見上げ、その明るさに驚き、その光に手をかざしてみたりすること（全て神様といるのと同じことです）。

一人だけど一人ではない、と感じることのできる落ち着いた静かな気持ち。ずっとこの心もちでいられたら、幸せそのものですよね。もちろん何分何十分かは穏やかでも、実生活では重病だったり借金を催促されたりしていたりなどして、すぐに心が乱されてしまうことはあると思います。心配や不安というものが、現実生活にはつきものです。しかし、それらを発動させることは決してよいことではないのです。百害あって一利なしです。

書いている私の頭の中も整理するために、ここでハッキリ示した方がと思うのですが、「悲しい」「つらい」と思うのは魂ではなく、精神が活動した結果です。魂と精神は別の物で、精神というのは細胞の一つ一つに宿っています。私は精神というのは脳にあるものだとばかり思っていたのですが、身体中にあるものなのですね。

事故で死亡した青年の心臓を、移植されて元気になったある女性が、その後食べ物の好みが激変したり、行ったことも見たこともない場所や場面の夢を何回も見るようになったりして不思議に思っていたところ、ついにその食べ物が、自分に移植された心臓の持ち主の好みであり、場所や場面はその持ち主の記憶だったことが判明したということでした。この女性本人がテレビに出て話していたのを二回視ましたが、脳ではなく心臓を移植されたのに記憶が伝わったということが、精神は細胞に宿る裏付けのように思われました。

また、心臓ですら記憶や人格の一部を留めるのですから、ずっと脳、そして内臓全て、身体機能全てと共にある魂も、その人の人格や物の考え方、そしてその人にとって大切な記憶（どうでもよいことは残りません）を受け継ぎます。つまりこの世の生を終えて魂だけになったあとも、同じ人格のままあの世に行くのです。

その魂というものも全身を満たしています。それどころか、魂の中に肉体がある、という向きもあります。

とは言え自分の魂は、精神のようにある程度コントロールできるものかと言えばそうではなく、触れ合うことは至難のわざです。なにせ神様の一片ですからね。それができる特殊な能力がない場合は、かなりの霊的成長をしないと自分の深奥の魂をかいま見ることができません。

けれども――「どうもきょうの合コンは行く気がしないな。楽しそうなのに、どうしてだろ。ま、いっか。欠席しちゃえ」と思って家にいたところ、その合コンに向かうために本来なら自分も乗るはずだった友人の車が事故に遭ったと聞いた――といった類の話はよく耳にすることと思います。そう言う時は、魂が発している危険信号をキャッチしている場合が多いのです。

一人一人の魂は大元の「巨大な魂」とつながっており、その巨大な魂は全ての面を一度に持っているので、ある人の次にこの世に出てくる面のことだけではなく、全ての面のことを心得ています。たとえばこれをお読みのあなたの過去から未来までのことを全て見通すことができるのです。つまり、ある人に何が起こり、いつまでこの世にいられるかについてもわかっているということです。

しかしすでに起こったことは別としてこれからのことは、「今のまま」の未来です。一つの面が何かのキッカケで成長著しい場合には、巨大な魂全体に良い影響を及ぼし、それにつれて各々の未来は好転し、寿命も延びることがありますが、そのような時や、あるいはこのように魂の親切な忠告を素直に聞き入れる（直感を重く見る）時には、難を避けられることがあります。

また、魂、そして現実の人間を強力にサポートする力もあります。いわゆる背後霊、守護霊というものです。何百年も前にあの世に行った霊が、地上の人間を守護するように命じられて降りてきてくれたり、あるいは現世で血のつながりがあったために愛しく思ってくれて、守ってくれたりする霊のことです。何人か付いていてくださって、中心になっている霊、場合によって交替する霊、さまざまおりますので、興味のある方はその手の本をご覧ください。

私の場合、中心になって下さっているのは、十七歳で修行中に餓死した真言宗のお坊さんなのだそうです。ただ、この霊視を受けたのは一九八八年のことですから、それからどうなったかはわかりません。私は洋の東西を問わず「お坊さん」が大好きなので、ずっと一緒にいて下さって全く構わないのですが。

このようにいつも付いていてくれて、その人の魂（もまた「その人」に他ならないのですが、たいていの人は自分の精神の動きだけが自分だと思っています）と共にその人を守ろうとしてくれる強い見方が、守護霊というわけです。

ところがあれこれ心配したりクヨクヨ悩んだりすると、「思いが人生を創る」わけですから、その人の魂も「こんなに悩みたがっているうちは、手が出せないな」と静かになってしまうし、守護霊が手を貸したくとも、その人が不安のベールに包まれている間は、何もできなくなってしまうのです。

状況を好転させたい場合は、そのことについてあれこれと考えるのをやめた方がよさそうです。もちろん問題から逃げろ、目をつぶれ、というわけではなく、「やるべきことを全部」やったら、結果を心配するだけムダであるばかりか、状況を悪くする恐れがあるのだから、気にかけるのをやめた方がよいということです。

「今、ここ」を深める

かく言う私も、プチ・パニックをよく起こします。戸籍上の性別変更の法律の内容が確定しない時に、私のように「外国で手術した者」「古い術式で行った者」は許可されないのではないか、というウワサが何回も流れ、さあ大変！　その度に、十数人の識者に電話をかけ、問い合わせのメールを出しまくって、大騒ぎをしました。そしていつの場合も、絶対に大丈夫という確信は得られずじまいでした。

しかし確信こそ得られずとも、数時間のあいだ騒ぎまくって確認に追われただけで、つまり

「もうこれ以上、今は打つ手なし」というところまでやっただけで、私はいつも全く満足してしまうのでした。そのあとは、何も心配しませんでした（どんなことに対しても、いつもこんな調子です）。そして結論として、全て問題なし、となりました。

やるだけやっている間も、もっと泰然自若《たいぜんじじゃく》としているのが真に理想なのですけれど、まだそこまで辿り着いていないので、さらなる精進が必要ですね。

精進といっても、どうしたらよいのでしょう。また、美しい自然の中で静かにしている時間がほとんど取れない場合、練りハミガキの味を絶賛するような事柄の積み重ねがバカらしい場合、どのような訓練をすれば幸せになれるのでしょう。

究極の方法があります。「今を生きる」ことです。

これは言い古されたことですが、それだけに真実です。その真実に耳を傾ける人が少ないので、爆発的な普及をしていないのだと思われます。とは言え日本でもベスト・セラーになっているリチャード・カールソンの＜「くよくよするな」シリーズ＞は、「今ここを生きる」が核となっていますし、より具体的なハウツーについては、『さとりをひらくと人生はシンプルで楽になる』（エックハルト・トール著／あさりみちこ訳、徳間書店）がおススメです。

そしてまた、東洋で古くから「禅」のこころとして伝えられてきたものが、この考えにあたるでしょう。「禅」とはインドの古語で、「心を静かにする」という意味だそうです。見性《けんしょう》（最高の自分の状態を体験すること）を求めて静坐するその時の感覚が、「今、ここに在る。それが全てだ」と悟らせてくれるのです。

文字通り、「今、この瞬間」ずつを生きるのです。一秒一秒生きるのです。「あーアホらし！」と思った方は、結構です、他に方法を見つけようとなさって下さい。しかし数分間、実験していただけると幸いです。

「今」この本に没頭して下さっていたとして、この行を読まれている時、不幸でしたか？ 確かに不幸な「状況」に身を置いているかもしれません——手術代は貯まらない、職も見つからない、家族とは毎日ケンカ、恋人にはふられた、ホルモン注射の副作用が出始めた等々。しかし今この行を読んでいた、その「一瞬」には、それらのことを思いわずらっていなかったのではないですか？ その瞬間、自分が不幸だと思っていなかった（心にその隙間がなかった）ために、不幸にはなり得なかったはずです、「自分が不幸だ」と思わない限り、不幸にはなれないのですから。

不幸になり得ない瞬間を積み重ねて暮らしてみると、幸せな人生になり得るのではないでしょうか。

私は昔から、これは私の場合だけかもしれないのですが、顕微鏡を覗いている時と、満開の桜を下から見上げている時に、同じ気持ちに満たされることを発見していました。いえ、それを気持ちとは呼べないかもしれません。というのも、「何も考えられなくなる」感覚だからです、全身が浸されるのは。どう説明してよいかはっきりとわからないのですが、通常は目に見えない事物や微生物がこんなにも色とりどりに、しっかりとした作りをしているものだとわかった時。一つ一つの桜の花がまき散らす生命の息吹に圧倒された時。あまりにも強烈な畏敬の念がわき起こってきて、精神の動きがストップしてしまうのだと思います。何かに没頭している時と、似たような感覚です。

無我の境地、と呼べるでしょう。この境地で、一秒ずつ生きてみるのです。

頭の中でざわめく自分自身との会話や、口に出さないけれどいつも、なんだかんだとつぶやいている心の独り言をピタッと止める。心配もやめ、楽しいことへの期待すら鎮めて、無心の状態になる。その感覚を保ちながら生きるのです。悟りの境地に近いものがあります。

ですからとても難しいことです。私はこの実践を始めて一年半以上になりますが、未だに数分ずつしか続きません。もちろん仕事中など頭脳を使っている時には実践できないため――それでも何をしていても、気分が以前よりはるかに動揺しないようになってきましたが――簡単な日常の動作や歩行中、入浴中や寝る前などに行うだけなのですが、それでも、もって五分です。無意識のうちに、仕事のこと生活のこと将来のこと今晩のテレビのことなどを考えてしまい、「あれっ、〝考えてる〟！」と気づいて、また無心状態に戻る。その繰り返しです。

しかし私は長いこと、「頭の中の言葉がうるさい」と思い、考える時に言葉を用いなかった子どもの頃のアタマに戻りたい、と願っていたので、心の内をピタッと静かにした状態というのが、たとえ短くとも新鮮で嬉しく、どうして早くからこうしなかったのだろう、と不思議に思ったほどです。私は読み書きは早かったのですが、その前の「口から言葉を発する」のがとても遅い子どもでした。ですから他の人より早いか遅いかわかりませんけれど、八歳くらいから頭の中で、「きょうは雨降りそうだから傘を持っていこう」のように、文章として考えるようになったのです。

それまでは、喜怒哀楽全てを感じてはいても、それを言葉にして組み立てませんでした。もちろん話をする時には言葉を使いましたが、頭の中にはその感覚の色のようなものしか浮かんでいなかったのです、喜びは光の色、悲しみは雲の色という具合に。おそらく動物に近いのではないかと思われますけれども、長じてあまりにも多くのことを考えねばならなくなった時、頭の中に言葉が充満してしまい、それがとてもわずらわしかったので、原始的でもなんでもよいから、子どもの頃の「言葉のないアタマ」に戻りたいと、ずっと思っていたのでした。

一秒ずつ無心に生きる実践で、私はその思いを叶えました。そして今やその無心状態である時だけは、私の頭の中は色もないのです。静かで、透明なのです。

初めの頃はざわざわする心を静めるのは、私にとって非常に難しいことでした。

★とにかく耳を澄まして全ての音を聴こうとする。聞こえた音に対して感想を持たない。

★自分の下にある地面を強烈に意識する。

こういったことの実践で無心にはなれるものの、そちらに夢中になりすぎて呼吸を止めてしまい、「悟りをひらく前にあの世に行ってしまうのでは」と思ったほど息苦しかったことがしばしばです。

しかしそのうちそれらにも慣れ、無心のまま歩きつつ楽に呼吸もできるようになりました。混んだ電車の中でこの境地に入り、バラバラの場所で話されているたくさんの声が、一度に耳に押し寄せてきて、しかもそれぞれの話の内容がわかったことがあります。

何も考えてはいないのですが、意識はクリアで感覚も鋭敏になります。

どこを歩いて何を見ても、この境地にある時には全てがとても美しく見えます。あの人の出世が妬ましい、この人が台頭してきて仕事が減るのでは、そんな気持ちが――私は本当のところ、そのような感情を常に強く抱く性質だったのですが――少しずつ減ってもいき、「毎日空を見るだけでも生きていることは幸福である」(芹沢光治良)という一文を思い出しました。この世の完全さに、どんどん気づいていったのです。自分の不完全さにも。不完全であることなど当たり前のことでしたが、これほどまでとは思っていなかった、というところまで気づいたのです。

白状しますと、嫌がらせや脅迫のメール、また何をどう返事しても「いや、私はそうは思わない」と延々とやりとりを続けたがる、性同一性障害ではない問題を抱えた見知らぬ人からのメール、そういったものには心底ウンザリします。昔はそのウンザリ感を引きずったものですが、今はそれを読んだ直後だけに留めることができる。それが大きな違いですけれど、そういった人々と自分が「一つである」と本当に感じていると言ったら、ウソになります。もし「ああ、彼も彼女も私なのだ」と感じられたら、もっと淡々としていられると思うのですが……。修行が足りません。

ところがそんなある日、輝かしい一瞬を経験しました。電車に乗っていた時、午後の陽に照らされた荒川とその土手が目に入りました。私は無心状態で、川の上を飛ぶ鳥と、散歩している見知らぬ男性の姿を目に映しました。

その途端、突然に、「あの鳥と私は一つである！」「あのおじさんのためなら、身代わりとなって死んでもいい！」という気持ちに襲われたのです。

——ほんの一瞬でした。しかし、「今のが、きっとイエス様の心なのだ」とわかったのです……。いわゆるキリスト意識というものでしょうか（ここでいう「キリスト」はイエス様である必要はありません。自分を愛するように他人を愛する、その「愛」そのもののことと思ってください）。

一〇七頁に書きましたように、イエス様は「みんな私のようになれるのだ」と説いておられました。そこには無論「セクシュアル・マイノリティは除く」などという但し書きは付きません。「愛そのものになること」で全ての人がイエス様のように、自らの内の神様の断片、すなわち魂について完全な理解をして、その〈神性〉を十分発揮できるようになるのです。そしてそれができた時には、誰もが病人を癒し、水の上を歩き、死んだ後に蘇る（肉体を携えるかどうかは別として）ことすらできるのです。

——そのような人々が大勢出現している、ということは寡聞にして知りませんので、真の愛そのものになること、魂の力を十分発揮する道というのは、よほど険しいものなのでしょう。

けれどもその努力の途中で、奇跡的な瞬間を経験するのも大いなる楽しみです。私には今まであの瞬間だけでしたが、今後またもっと長いこと、あの気持ちを維持できるようになれたらいいなと思います。

人間の生きる目的は、自分の中の神性に気付き、それとふれあい一つになることで、自分が他の生命全てとつながっている、と得心することだと言えます。一秒一秒を生きていると、ごくたまにですが、先ほどのように「あっ、これがそうかな……?」と感じる瞬間があります。十全たる安らぎを覚える瞬間。平安の境地です。

悩み苦しみをあるがままに受けとめても、それに揺さぶられない静けさです。「幸せ」と言いますと「不幸」という対極がありますが、それが〝対極〟である、要するに「不幸」が乗っている〈同じ〉棒の反対側に「幸せ」も乗っているのだ、と合点した気持ちです。「いいからなんでも来い」という深い気持ちであり、幸せより高い次元と言えましょう。「神の国は、実にあなたがたのただ中にあるのだ」(ルカ一七:二一)とは、まさにこのことです。

(多くの人が自分の中の神性に気づくほど、世界はより平和になります。自分の内側が周囲に反映されるからです。日本国は日本国民の、地球は地球市民の「巨大な魂」と言えましょう。どの国もどの星も、住んでいる人間の集合意識が問題です。幸せと同じで、神様も自分の外にあると思うから、いつまでたっても戦争が止まないのです。)

と、ここまで達することができればもう何もいらないようなものですが、カスミを食って生きてもいけず、いくら平安の境地にあっても、現実生活をやめるわけにも行きますまい。心配をやめることで、仕事や収入の面でより良い道が開けることはよく聞くにしても。

一秒ずつ生きろ、などと書くと、「なんたる近視眼的な」と怒り出す人もいるかもわかりませんが、なにも無計画に生きろというわけではないのです。やるだけやりつつ心配はやめようと言うことです。現実に生活しつつ将来への夢や希望は、しっかりくっきり持ちましょう。そしてそのための行動計画をがっちりとたてて、実行することに情熱を傾けつつ、それが実現することを決して疑わず、一秒ずつ淡々と生きるのです。

一秒ずつ無心に、というのはとても難しいものです。必ず何か考え始めてしまいます。そして「あっ、考えてるっ」と気づいたらその度に、自分の夢がすでに叶ったヴィジョンをくっきりと思い浮かべるようにするとよいのではないかと思います。すると「一秒生活」のクセをつけつつ、「思いが創る」人生を歩めるようになるでしょう。不安や心配に曇らされていると、魂も守護霊も手が出せませんけれど、ざわめきが止んで静かな精神状態にある時は、その人をより良い道へ進ませるべく、最も働きかけやすくなるのだそうです。ですから二つの事柄をたゆまなく進めるのがおススメなのです。

この実践をし続けても、ついに夢やぶれて一生を終わることになるかもしれません。しかしそれまでの間は、心配のない、希望の中にのみ生きる人生になることは、全く疑いなしではないでしょうか。それは、不幸な人生だったと言えるでしょうか。

だから、あすのことを思いわずらうな（マタイ六：三四）

参考文献
リチャード・カールソン他著／大沢章子訳『あくせくするな、ゆっくり生きよう！』（角川文庫、二〇〇一年）
エックハルト・トール著／あさりみちこ訳『さとりをひらくと人生はシンプルで楽になる』（徳間書店、二〇〇二年）
佐藤幸治『禅のすすめ』（講談社現代新書、一九六四年）

3　（この世の）死とは

自分の中の神性に目覚めようと、そんなものにはお構いなしにダラダラと一生を終えようと、トランスセクシュアルにもそうでない人にも、平等にやってくるものの一つが、「この世の」死です。

この世の、とわざわざ付けるのは、人間の魂というものには死という終わりはないからです。一般に「死」と言われるものは、魂が肉体という容れ物から解放されることで、それがこの世の生活の終わり。魂の本当の旅はここから始まるのです。

私の魂は本の一ページ

さて、今まで折に触れて「私というものは、多面体である巨大な魂の一面である」といった書き方をしてきましたが、わかり易かったかどうかと心配しています（守護霊が働きかけづらくなるほどの心配ではありませんが）。ここでは、別の書き方をしてみましょう。

「私の魂は、一冊の分厚い本の一ページである」――と言うのはどうでしょうか？

本というからには、一枚一枚の紙が束ねてなくてはなりません。しかも帳面と違って表紙から裏表紙まで、すでに内容が書かれているはずです。連綿と続いているイメージとしては、経典のような折り畳んであって広げると長くなるものがわかり易いかもしれません。

その一面ずつを、一つの人生とします。するとそれぞれにはみんな違うことが書いてあり、しかも広げると同時に全ての面を眺めることができますね。これが先ほどから「巨大な魂」と呼んでいるもののモデルです。霊の世界には時間というものがなく、「全ての転生が同時に起こっている」のです。最初の魂の生きた人生から、十全に神性を発揮して、もうこの世で学ぶべきことのなくなる最後の魂の人生までの全ての面（ページ）が、一冊の本を、すでに構成しているのです。

もちろん先述のように、あるページで物語が急展開し、それにつれて内容が変わることもあるでしょうけれど、とにかくこれが「本当の自分」なのです。自分の魂というものはほんの一ページですが、その本全体の内容を知らなくてはそのページの内容も書き得ないのですから（前後と脈絡のない文章をいきなり載せられませんから）、「そのページとして成り立つ」自分は全体を知っている自分、要するに部分であり全体である、一ページにして一冊である、そういうものなのです。「すべては一つである」は、ここでも成り立つのです。

「私はジャンヌ・ダルクの生まれ変わりだ」という人が何人もいる、と聞いたことがありますが、その人たちは全員、ジャンヌ・ダルクという人生がある本の中の違うページであり、ジャンヌの人生を何かの拍子にかいま見たのだと考えれば、説明がつくように思います。

しかし今この世に生きている私たち一人一人が、さしあたって問題にすべきは自分の魂です。というのも何回か書きましたように、たとえば「虎井」という人格を持った魂がこの世の生を終えた場合、同じ魂が再びこの世に生まれ変わってきて「中村」になる、ということは、通常はないからです。私というページのあとにこの世に生まれるのは、同じ本の中の次のページであり、私とは別人格なのです。よほど何かやり残したことや、特別な使命がない限り、同じページの生まれ変わりはないようです。

これが死後の世界だ!?

では私というページ、私という魂は、この世に戻ってこないとしたら、どうなってしまうのでしょうか。

これについてはありとあらゆることが言われており、どれが本当かということは決めかねるので、枝葉末節は省き、共通に語られることの多い大ざっぱなところを記します。

死んだ――つまりこの世の生を終えた――直後は、肉体から抜け出ます。肉体の形態をそのまま保っているようですが、身体に不自由がある人は、その不自由さが取り除かれます。性同一性障害の場合も、おそらくなくなるはずです。というのも死後の旅を長く続けるうちに、性別というものが消えていくからです。

神様には性別がないので、魂も元々は性別がないのです。ただ「男」「女」「それ以外」という容れ物におさまるために、その容れ物に貼られたラベルとして生きていかなくてはならなかったのです。

その容れ物を脱ぎ捨てると、実際は魂、霊魂というものになるのですが、それ（今や魂となった自分）が神様の一部であるという認識に本当に至っていないと、死後もさらなる修行が必要です。

まずはこの世にそっくりな所に行きます。幽界と呼ばれることが多いようです。「界」云々というよりは、その「状態」にある、と言う方が正確だと言う人もいます。「死後の世界なんてあるものか。死んだら全て終わりだよ」と言っている人々が、いきなり環境が変わってパニックにならないよう、この世そっくりになっているとのことで、「死んでも魂は永遠」「魂（部分）の目的は神様（全体）との合一」ということを一応知っている人々は、ここにはあまり長くおらず（と言っても、この世の感覚からすると、もしかして何年、何十年になるかもしれませんが）、次に霊界へと進みます。

霊界は、さらに光と美と愛の増した世界です。性同一性障害だったの同性愛だったのということなど本当にツユほども問題にはならず、どれだけ「自分と他の人々を同じように愛したか」で全てがはかられることは、もうこのあたりまでくると、「何を今さら状態」になっています。逆にどんなに信仰上の戒律を忠実に守って清らかに過ごそうと、特定の人々を忌み嫌って差別するような人は、なかなか霊界の高みには行かれないのです。だいたい真実の信仰のある人は、どのような相手も嫌うことができないものです。

さて霊界では、自分と同じような性格や好みを持っている人々が、各々共同体を形成しています。自分とピッタリうまが合う人々と共に、自分のやりたいことに打ち込める生活というのは、まさに天国ですよね。私は友人のイトコの霊能者に、「あなたは〈いつでも物を考えている人々の所〉に行って暮らす人になるわ」と言われました。何も考えず無心でいるのがこんなにも難しいのは、私が「いつも何かを考えて」いて、そのことを愛しているからなのでしょうか。どうもいつでも、やくたいもないことばかり考え巡らしているような気もするのですが、霊界ではみなさんに助けられ、もっとずっとマシなことを考えられるでしょうか……。

この頃には、自分を含む巨大な魂の中で、自分が果たした役割は何であったのかがわかってくることだろうと思います。どんな方面についてであれ、生前と違って真の理解が得られるはずです。今この世でどう考えても解けない謎の答えが、全て明らかになるのです。神様の深いもくろみに感嘆せずにはいられないほどに、全知を得るのです。

その神様も、ミケランジェロがシスティーナ礼拝堂に描いたような、白いヒゲの偉丈夫ではないこと、そもそも男でも女でもなく、人の形をしてはいないことも、この頃にはわかっているはずです。そして遠く地上にいる頃から、常に自分の内に外に、全てに顕現されている「愛」のエネルギーだったことを（ここではすでに自分が魂そのものになっているのですから、「自分そのものが」と置き換えても構いません）深く悟り、言いようのない感謝の念を覚えることでしょう。

死んだあとも「全てが一つであること」に気づけない人々も山ほどいるのですが、霊界で先輩たちにもまれて進化していくうちに、本当にその意識に目覚め、ついには神界に赴きます。

そこにはただ始まりも終わりもない絶大なる愛のエネルギーのみがあり、ただその中に吸収されていくのです。

――ここに至るまでに、途方もなく長い永い時が必要でしょう。自分の次の面も、その次の面も、どんどん地上で死に、霊界へとやってくることでしょう。この地球上にせいぜい八十年いたとして、その千倍以上の年数が必要かもしれません（そしてその間、ずっと向上しよう向上しようと活動を続けるのです。死んでも向上することが目的なのです）。

あるいは巨大な魂の全ての面が地上での生活を終えた時――一冊の本の最後のページまで読了された時、全体として完き魂として、「愛」と融合するのかもしれません。

そしてその後は？

またそのエネルギーから巨大な塊として離れ、一からやり直しです。でもそんな先まで考えなくとも結構なのではないかと……。終わりはない。それだけです。

その循環運動のうち、最も永く留まるのは霊界だろうと思われます。三層に分かれていて云々と言う人もありますが、いずれにしろそこはこの世とは比較にならないほど美しく、常に妙なる音楽が鳴り響いており、病気も苦労もなく、魂とは何だったのかということを学んだ後には、各人がおのれの天分を十分に発揮できる方法で、地上の人々、霊界の人々、全ての命のために力を尽くしているという、素晴らしい世界です。

「自殺」はページをむしりとること

「死んだら楽になる」とばかりに自殺をする人は、すぐにこのような世界へ行くことができると思っているのかもしれません。しかしここは、地上でなすべきことを果たし終えた人が段階を経て来る所なので、思った通りにはいかないのが辛いところです。

性同一性障害の人は地上でとても長い年月、自分や周囲とぶつかりながら生きていかねばならず（もちろん性同一性障害でなくともそういう人は大勢おりますが、ここでは私のよく知っている人々の話をしています）、うつ気味の人がものすごくたくさんいて、自殺の二文字は遠いものではありません。私の友人にも多くの未遂者がいますし、友人の友人も何人かは完遂してしまいました……。

しかし自殺というのは、「宿題をやらずに逃げること」です。この世でやらねばならないことをせずに死んで、普通のスピードできらめく霊界に行けることはまずないと言えるでしょう。自殺者は多くの場合、自分が死んだことになかなか気づかず、何度も何度も死のうとするそうです。そしてその地をさまよう同波長の霊とつるまされて、その地に縛りつけられた霊となってしまうこともあります。

どのような場合でも、十分な供養は助けになるでしょう。けれども一番いいのは、自殺などしないことです。一冊の完璧な本から、自分についてのページをいきなりむしり取る行為なのです。神様（法則）をおかすことになり、因果律によって死後もかなり苦しむことになるでしょう。

自殺するほど辛かった人にとっては、こんなことは冷たい物言いだということはよくわかります――ただ悩み相談を受けると、本当に「死んだらラクになる」と考えている人ばかりなので、「悲しいけど古今東西の〈死後の世界研究〉から推すと、それは完全に間違いらしいよ」ということをなんとか伝えられたら、もしかして思いとどまってくれはしまいかと思うのです。

大切なのはこの世の生

「何のためにこの苦しみがあるのか」と嘆きつつ生きている人に、「この世の生は、完璧な愛に同化するための修行の場です。課される問題を次々とクリアして、魂のレベルを上げていくことが求められるのです。一秒ずつ生きるもよし他に何か方法を編み出すもよし、自分から断たなくとも､どのみち終わるこの世の命､精一杯上を目指しましょう！」と伝えたいために､「そして死後の、魂の世界こそが本当の世界であり、その本当の世界にはセクシュアル・マイノリティがどうのこうのなんてことはまったく関係ない。そんなことはこの世にいる、愛の欠けた人々が言うことなのだ」と伝えたいためにこの死後の章を書きましたが、実のところ私は、死後の世界にはそれほど興味は持っておりません。色々現実の苦労はあるものの、心の持ち方一つで、今この世の中も十分素晴らしいと思えるからです。

霊界は確かになにもかも美しく、かぐわしく、まさに天国だそうですが、悲惨なできごとが起こらないのでこの地上ほどドラマチックではないために、「怒りや悲しみを切実に経験したい。それらがあるからこそ喜びも倍増するのだ」と訴えて、地上にもう一度生まれ変わりたいと願う人々は列をなしているということです。

この世にはこの世にしかない幸いもある、というわけなのです。

どんな問題を抱えていようと、それには全て意味があります。そしていつか全ての疑問が解ける日が来ます。

それまで自分に与えられた性と生を、一生懸命生きていけばよいのだと思います。それが「自分」と全てのためにもなるのです。

Ⅲ

鼎談　今を生きる

河口　和也
虎井まさ衛
大月　純子

信仰との出会い

河口　最初に二人の文章を読ませていただいた感想から言います。まず大月さんの文章は、やはり自らが牧師ということから、自らの人生におけるキリスト教との関連、そういうところから切り込んでいって、特に、牧師という立場でしょうけれども、神の言葉というのがあって、その言葉を、なんらかの方法で自分なりに解釈して、信者さんたちにそれを橋渡しして伝えるという、そういう立場があると思うんです。そういう立場から、キリスト教における、性的マイノリティ、性的少数者と言われる人たちを差別したり苦しめていた部分に切り込んで、それを訂正するというか、あるいは新しい解釈を呈示するというような形で、いわゆるオルタナティヴな解釈を呈示して、今まで性的少数者に苦悩をもたらしていたようなキリスト教の教義であるとか、ある種物語、そこからの解放を手助けするというような形で、書かれていたと思います。

虎井さんは、キリスト教へのすごく強い憧れとか、憧憬（笑）を、子どもの頃から抱いていたのに結局、キリスト教ではない信仰を持つに至っています。ですから宗教というものを、大月さんはキリスト教を前提にして語っていますが、虎井さんはもう少し大きく、広く、キリスト教だけに限定しないような形で取り上げられていて、トランスセクシュアルという立場からですね、信じるということについて自分の見解を、すごく心の内に入り込んで述べておられるようなそういう文章であると思ったんですね。

そこで一つのテーマとして考えられるのは、「信じるということ」です。信仰に深く彩られた人生について真摯に語られているので、そこから話を進めていけばいいかなと思っています。私自身は、あまり信仰とは縁遠かったというか、意識的にも無意識的にも、無意識では何も考えていなかったし、それから意識的にはちょっと信仰というものを、遠ざけていたようなところもあるんです。今遠ざけていてもですね、将来的に信じるということにすがりつくかもしれないし（笑）、信じるということの意味を見出すかもしれないわけで、そういうところで虎井さんと大月さんの文章をもとに考えていければ、と思っているんです。

信じるということの、なんていうかな……信仰への入り方というのは多分人それぞれ違うと思うんです。だからそのあたりの違いとか、なんか自分なりに思うところがあったら教えていただきたいなと思います。虎井さんの場合にはキリスト教にすごく憧れを持っていながら、どうしてもそのキリスト教に入るというきっかけがなかったということですよね。

虎井　やっぱり一番大きなことは、キリスト教の教えに、セクシュアル・マイノリティとか同性愛とか女装とかは書いてあるんですけど、性同一性障害のことは多分時代的に書かれてなかった、だけど、そういったものを罪とみなしているところがある、と思ったんですね、聖書を読んだ時に。そこがひっかかって入らなかったんです。その前に、私が考えていたのは、神様って病気を治してくれなくちゃ嫌だと思ってたんですよ、ヘンな話だけど。身体が弱かったので、実際に病気が治ったり、あるいは目の見えない人が見えるようになったりとか、そういったものに、巡り会ったらそこに入ろうと思っていたところがある。で、ものすごくキリスト教の雰囲気とか美術的なものとか、とにかくキリスト教的なるものが全部、子どもの時から好きだったんですけど、教会に行っている人がみんな健康になったり病気が治ったりしているわけじゃないようなことを見聞きしていたので、自分の望みが叶うところに入りたかったんですよ。それがまず多分最初にあって、そのあと聖書を読んだ時に、自分のような者を遠ざけている気がものすごくしたんで、まあ、入らなかった。幸運なことには、奇跡が日常茶飯事に起きるようなところを見つけたので、そこに十代の時から入ったんです。

実際二十二年も現在の信仰を続けてるんですけど、人生がどんどんよくなる気がします。もしかするとそれに入ってなくてもよくなったのかもわかりませんけど、それに支えられてるんです。例えば、最初からお寺に生まれちゃったとか、あるいは両親ともクリスチャンだとかっていうことになるとまた別なんでしょうけど、一応そういうことがなかったので。これだと思うものに出会えるまでは、待つチャンスがあったのはよかった。ただもちろん性転換しようがなんだろうが大歓迎だよ、って聖書にあったら、多分そっちにいったと思うんですけど、そうじゃなかったものですから。

河口　そういう教義的なところでちょっと壁が高かったということですね。大月さんのキリスト教は、ドーンと大きなキリスト教があるように見えて、実は一つではない、いろんなキリスト教があるんだ、あるいはいろんな教義の解釈の仕方があるんだっていうところで、これまでずーっとセクシュアル・マイノリティに対して、多少抑圧的に捉えていた人もそれを変えようという、そういうことをしてますよね。ただし大月さんの場合には虎井さんと少しかかわり方が違うような気もするんですけど。

大月 今のお言葉でいうと、比較検討できる環境にいなかったですね。クリスチャン・ホームではないのに、幼稚園もキリスト教系でしたし、気がついたらクリスチャンではないのにみんなお祈りをしてから食事をするっていう家だったんです。中学生になって毎週教会学校に通い出してからは、「中学生になったんだから洗礼受けなさい」と母に言われて、そういうもんなんだと思って受けとめて、洗礼受けました。ですから自分で選んでいる部分もあるし、クリスチャンへの憧れみたいなものも、もちろん子どもながらにあって、そういう憧れのクリスチャンになりたいなというところで洗礼受けた部分もあるんです。ですから、今のお話で言うと、他の宗教と比較して自分では信仰を選んでないですね。

虎井 まあね、なんでキリスト教に憧れたかっていうと、バッハとかの宗教音楽やパイプオルガンとかが、すごく小さいころから好きだったんです。でも十代ぐらいになって、やっぱり憧れがやまないのはなんでだろうって考えることがあって、その時に、前から、日本にあるような宗教、まあ儒教は関係ないかもわかりませんけど、他のものと比較すると、（キリスト教は）とっても滅私奉公型の信仰だと思ったんです。自分のことはどうでもいいから人のことを助けたい、愛と奉仕の宗教だというふうに思えたんです。マザー・テレサとか、コルベ神父とか読んでたり聞いたりしてたからかもわからないんですけど、自分がそういうことをしたい憧れだと気づいたんです。キリスト教はバックボーンになってるのは、「人のためになること」をするのが好きな人々が集まってるところ、っていう気がしたんですね。お寺でお坊さんとかが修行をしますが、それはその時の私の理解では、自分の悟りのためにしてるものなんだ、っていうふうには思ったんです、小乗大乗で違いはあっても。まず「自分」が悟る方が先決という。キリスト者の人たちっていうのは自分の悟りはどうあれ、とにかく人のために尽くすんだ、っていう精神に溢れている人たちだっていうふうには、勘違いではないとは思うんですけど（笑）、感じてたんですよ、その時は。自分がそれができたらいいだろうなっていうふうに、多分そういうふうに言葉としては考えなかったけど、感じてたところはあった。清潔で、奉仕の精神に溢れていて、愛情深くて、慎み深くて、自分のことはどうでもいいから人のために尽くす人々の集まりなんだろう教会は。そしてその人たちが信じている信仰なんだから素晴らしいんだろう。で、その信仰が生んだ音楽や建築がこんなに好きなんだから、やっぱり恋しちゃってるなあとかって思ってたんです。

ところが実際いろんなものを読んだり、キリスト者である人に何人も会ったりすると、必ずしもそうでもない人もいるし、教団としてはセクシュアル・マイノリティにとても厳しいというのはやっぱり本当なんだ。だから全ての人に対して愛を持っているというわけではなくて、教えを守る人は愛してくれるかもわかんないけど、そうじゃない人にとっては厳しいかもって思って、それで十八の時に実はちょっと迷ったんですけど、今の信仰に入ったわけです。でもそれでも、マザー・テレサみたいに持ち物を持たずに、朝から晩まで（キリスト者であろうとなかろうと、とにかく）人のためにっていうところを持っている人たちが多いので、他の信仰ではそういう人たちがそれほど多いとは思えないので、だから多分ね、一生、大月さんの立場が羨ましいと思って過ごすようになるんだと思います。

人のためか自分のためか

河口　私も虎井さんの文章を読ませてもらった時にね、「思えば叶う」みたいな、いわゆる自分志向ですよね。自分の考えてることを通じさせて、そういうところでは、ああ、それを現実化するっていう、そういうふうに考えればね、宗教っていうのは、それこそ人のためじゃなくって、自分のためとしても存在するのかなというふうに思ったんです。私も、今まで、悪く言えば自分のことだけしか考えない（笑）、よく言えば自分の意志を貫徹したいとか、生活をよくしたい、とにかく人のためよりも自分が立つ、立ち位置からよくしてい

河口和也

きたいという、そういう思いがあったわけです。そういうところでいうと、なんかこう、宗教の存在、宗教って言っても、やっぱり代表的なのはキリスト教ですよね、その存在がね、なんとなくこう……怒られるかもしれないけど、疎ましく思えたというのがあるのね。だから、人のためと自分のためというのを考えると大月さんなんか、これまでずっと「牧師」という立場で過ごしてたから、まず第一に「人のため」っていうようなことを考える機会が多かったと思うんですが、そのへんはどうですか？　今出てきた「自分のため」と「人のため」という観点で見るとどうですか？

大月　そうですねえ。今「滅私奉公」という言葉がありましたけれども、「人のために何かをすることがいいこと」という教えはずっとキリスト教の中にあって、前に『性の意味』にも書きましたけれども、「自分を愛するようにあなたの隣人を愛しなさい」と聖書に書いてあるのに、聖書の別の言葉に「友のために命を捨てること。これに勝る愛はない」というような言葉があるので、自分を愛するよりも人のために命を捨てるまでやることがいいことだというように、聖書の言葉が利用されて、自分を押さえ込んで、人のためにとキリスト教が言ってきたような気がしたんですね。

でも、結局そこでキリスト教の今までやってこなかったことが「自分のため」という部分だなと思いました。でも、本当に必要なことというのは（まあ、自分本位な信仰の人もいることはいるんですけど）、「人のために」の前に「自分を愛するように」という言葉があるから、自分のためであり、自分が愛されているということを確認しなければ人を愛することはできないっていうことに気づいたんです。だから、私だけではなく、セクシュアル・マイノリティの牧師たちもそうですけれども、「自分らしく生きよう」とか「自分を愛しなさい」というテーマをその立場から伝えるということをしています。逆に言えば、今おっしゃった「イメージ」があるじゃないですか。

虎井　うん、あるある。

大月　そのイメージが、全部、自分がそれをやらなければならないというのがずっとあるわけです。だから、クリスチャンは清潔じゃなければいけないし、奉仕をしなければいけないし、愛情深くなければいけないし……って、「クリスチャンというのはそういうものにならなければならない」でも、なれない自分。そういうことにキリスト者は苦しむし、しかも、「牧師のくせにあんなことを言うなんて」みたいなのがあるわけじゃないですか。

虎井　あるある。

大月　「クリスチャンなのにあの人怒ったりなんかして」みたいなことを言われて、「怒っちゃいけない」という形で感情が抑えられていったりとか、そういうところで、社会の中にあるイメージが実は教会の中にもすごくあって、個人を「こうありなさい」「こうありなさい」と縛ってきたと思うんです。そこからまず自分が解放されないとしんどいなと今までのキリスト教会を見てて思うので、まず人のためよりも自分のためっていうことを、自分本位でもいいんだよっということをもっと考えてもいいんじゃないかとキリスト教会に対して思っています。

虎井　昔読んだ新聞記事で、牧師さんか神父さんか忘れちゃったんですけど、おじさんがいて、いっつも高校生の悪ガキたちがその人の家に来て、殴ったり蹴ったりしてストレスを発散させて帰っていく。そのおじさんはすごい怪我するわけなんですけど、だけど、いつもぜんぜん抵抗もしないで、殴られる。ある日とうとう殴り殺されちゃったんですね。結局、殴り殺しちゃった後にその高校生たちが、あの人ほど俺達とまともに向き合ってくれた人はいなかったと言った。その記事はそれが悪いとか良いとは書いてなかったんですけど、そんな風に書いてあった。それがキリスト者の理想の姿かもしれないけど、本当に良いのか。

それは十年以上前に読んだ記事なんですが、今でもいらいらするんですよね。なんか、もうちょっと、たとえ説教でもいいし、殴り返さないまでも言い返すだけでもいいんですけども、もうちょっと何か「そんな人を殴って発散することがいいと君たちは思っているのか」とかっていうことを一言でも言い返さなかったことが本当にいいことなのかっていうのはすごく今でもあります。だけど、一方に、そんな風になんでもかんでも受け入れて殴り殺されてしまうのが、本当にもしかしたら理想的なキリスト者なのかって考えもあって、今でも浮いたり沈んだりしています。もしそれがそうだとしたら、私は一生そうはなれない気がします。でもそういう風になりたい自分もあるにはあるんですが、そこが矛盾なんですけど。

「怒る」っていうことは、たとえば仏教でも一番醜い感情であるとか言われているんですけれども、果たしてそれは違う形ででも、感情を爆発させないまでも、怒りを形を変えて、それを穏やかにでも伝えていくようなことを、その死んでしまった牧師さんがしなかったことはそれでいいの？　と今でもテーブルをたたきこわしたいぐらいなんですけど。なんかそこがあって。どうなんです、やっぱり、大月さんがその人の立場だったら殴られ続けちゃいますか？

大月　そのときの高校生の状況がわからないので、でも本当にその時に殴られることがいいことなのか、それともやっぱり違う方向っていうのがよくわからないんですけど。やっぱり、そこであるのは、キリスト教が陥りやすい「表裏一体」として、「偽善」っていう言葉ですよね。その「人のために何かしている」と言っているけど、結局それって自分のためじゃんって。

虎井　そうそう「情けは人のためならず」

大月　たとえば、「宗教改革」で問題になったのは、いいことをすれば、というか、お金を教会に捧げれば天国に行けるという形、つまり、人のために何かをすれば自分が天国に行けるみたいな「偽善」です。

虎井　でも、なんか死んじゃうところまでっていうのはすごく徹底しているなと思って。

大月　教会なんかでよく語られるのは、どういう事故の時にキリスト者が人の命を助けて死んだかというようなお話です。たとえば、有名な話は、三浦綾子さんの『塩狩峠』に出てくる洞爺丸の事故なんですが、（実は、ちょうど明後日〈九月二十六日〉が亡くなった牧師さんのご遺体が見つかった日らしいんですけど）船が沈んだ時に、浮き輪が一つしかなくて、そばにいた人にその浮き輪を「私はいいです」と差し出して、その人を助けて、自分は亡くなってしまったという外国の牧師さんの実話なんですけれど、それがキリスト者的な生き方というか、「キリスト者の中にはそういう生き方をした人がいます」という紹介がなされることがあります。

虎井　たとえば精神世界が徹底している人もたぶん同じことをやると思います。というのは、死んだ後がとってもすてきなところだとわかっているから、早く現実からおさらばして、死んだら楽しいだろうなと思っている人もいます。実は、虎井もちょっとそういうところがあります。ただ、あんまりすばらしいところに早く行くのはもったいないから、おいしいものは最後に食べろと、だから、あんまり現実世界に、たとえば母親が生きているからとか、面倒見てとか、つなぎとめられる理由は色々あれど、愛する人々が絶えて一人っきりになったら、いつ死んでもいい気はすごくします。けど、そこを信じていなければ、とてもじゃないけどそういうことは、やっぱり、この世が一番大事になる。キリスト教では、どうですか、天国に行けるんですか？

大月　そうですね。「永遠の命を得るためには何をすれば良いですか」という聖書の言葉があって、それが天国に行くということと同義になってしまっています。天国に行くというよりも、亡くなってもどういう形の永遠の命が得られるかっていうことは、肉体は滅びても永遠の命を得て、神のもとで安らかにっていうことが信じられています。良いことをすれば天国に行けるけど、そうでなければ地獄に堕ちるんだという保守的な考え方を持っている教派もありますが、私はそうは思っていません。

魂と精神

河口　それに関連するんですが、虎井さんの書いたものの中に、「魂」と「精神」の話というのが出てきますよね。「魂」と「精神」というのは異なるものであろうというようなことが書かれていて、それはちょっと興味を惹いたんですけどね。たとえば「信仰」というと、心のよりどころを見つけるとかという意味もあるかと思うのですが、心の問題として、宗教であるとか信仰という風に私はとらえていたんだけれども、そこにさらに「魂」と「精神」という問題が出てきて、それが違うと。では、その違いというのはどういうものなんだろうか。それはたとえば、さっき、永遠の、永久不滅の魂という問題が出てきたけれども、たとえば、「精神」と「魂」が違うということがなんとなくわかれば、その「永遠不滅の魂」の問題も、少し理解するきっかけが見つかるのではないかという風に素人ながらに思ったんですよね。

大月さんなんかは「永遠の命」という考え方について、この本の中で述べていて。その「永遠の命」というのもいったい何なんだろうかということが、私には半分わかったようで、半

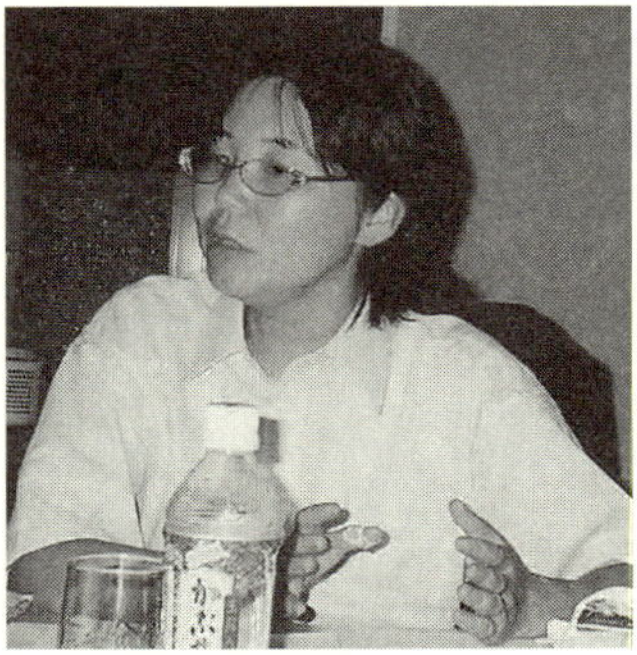
大月純子

分わからないでいる。特に自分なんかは現世のことしか考えていないから、さっきも自分本位だって言ったけれども、この世で楽しければそれでいいんじゃないかと感じるタイプなんですね、だから、できるだけこの世で自分の立ち位置からよくしていって、自分が過ごしやすい世界を作っていきたいという思いはあるんですが、だから、死後の世界というのはあまり考えたことがない。そういう者にとって、魂とか精神、あるいは心というのが永遠不滅、ずっと永続していくと言われると、ちょっと興味を持つ。いったいそれはどういうことなんだろうか。わからないからこそ興味を持つ。たとえばセクシュアリティなんかで考えると、人間は死ぬんだけれども、人類という共同体は生殖を通してつながっていく。生物学的な行為ではなくて、精神の継承、精神をつないでいくというようなものとして考えることができます。

虎井　こっち側はつながっているとすごく思っている。というのも、キリスト教の話も全部含んだ話を書いているので、それがどう牧師的に解釈できるかというところはこちらも聴いてみたい。たとえば、魂と精神はどう違うのですか、キリスト教では。

大月　「心を尽くし、思いを尽くし、精神を尽くし、あなたの主である神を信じなさい」と言うときは精神を使います。自分たちの考えとか思いとかを表すときは精神。ですから魂と精神は別のものとして扱っていますよね。

永遠の命ということに関しては、ようするに「終わりでない」ということを伝えたいわけです。どういう形かはよくわからないんですけれども、死んで人間は終わると言うことに対する恐怖に対して、死は終わりではないというメッセージを伝えようとしているのです。

河口　死を克服する。とか死の恐怖を克服するという意味合い。

大月　死というのが－《マイナス》のイメージで語られることに対して、それを＋《プラス》に変えていこうということです。宗教というのは、一つは死に対する恐怖に対して、だから、死後の世界がどうなるか、天国という話になると思うんですが。「肉体の苦しみから解放されて、今、神のもとで安らかに眠ってらっしゃることでしょう」というのがお葬式の定型句としてありますけれども。いろんなものから解放された……。

河口　肉体の苦しみ。肉体を持っていること、保持していることに対する苦しみがあって、精神というのはある程度解放してくれるような。

虎井　肉体の苦しみより精神の苦しみの方が大きいというのが多いと思うのですが。

大月　肉体の苦しみというのが生きていく世の中にある苦しみ。

河口　肉体というのは現世的なもの？

大月　そう、現世的なもの。

虎井　だから、本当に魂が器だから。

大月　私たちの人間の肉体は土のちり、土の器といわれていて、ようするに壊れやすい、もろいものであるという解釈があって、単なる器。

河口　重要なのは精神であるという。

大月　魂。

虎井　魂というのは、ここにも書いたんですけど。あんまり魂と精神は切り離すものではないとは、自分としては思っていたんですけど、ありとあらゆる精神世界の本では、別のものだとされています。魂になると思考ができないかというとそうでもないですね。思考ができるということは精神もある。

河口　そうですよね。

虎井　そうすると、死んだ後でも精神は続くんですけど。精神に関しては、ここに書いたものでは、細胞に宿るというふうに書いています。心臓を移植したらその人の食べ物の好みや記憶まで一緒に移って来たということは、細胞の一つ一つに精神というのは宿っている。一方魂というのは、本当に非常に大きなもの、つまり、全部神様が分かれて一人一人に宿っているものですから、とても大きなものです。だから、誰かに怒ったり、嫌いになろうとした時には、その人の中にもちゃんと神様がいるんだということを思い出せば、そういう気持ちは静まるはずなんですけれど、我々はそれを思い出さないから、けんかもあれば、戦争も起こるんじゃないかなと思っています。

大月　虎井さんが「信仰とセクシュアリティの立場」の中で「そして大切なことはすべての人間が神性を宿しているということです」と書いておられますが、確かにキリスト教でも「私たちはキリストのからだの一部」という言い方はします。キリスト教では私たちはキリストの体であり、一人一人がその体の一部分であるという考え方はありますし、私たち一人一人の中に神様がいるということはあります。たとえば私の友人のおばあちゃんが亡くなった時にその友人は「おばあちゃんと一緒にイエス様も死んでくださったという風に解釈をして、その苦しみを一緒に味わってくださって、永遠の命を今、うちのおばあちゃんと一緒に生きてくれている」と言われたんです。するとそれを聞いたノンクリスチャンの友人が「神様は何人居るんですか。いちいち死んどったら大変じゃないですか」とか言われました。あ、そっか、これって、他の人から見ると、「神様ってなんなん?」って話になるんだろうなってことがわかったんです。

ですが「私たちの中に神様がいてくださって」という言い方はするけれども、私たちが神性を持っているという風には、神的な部分を持っているという風には語ってこなかったということなんです。だから、神様が私たちの中にはいてくださるけど、神様と同じようなものを私たちが持っているという風には言わない。だから、自分を神化するということの恐怖心。

河口　恐怖心?

大月　罪というのは、自分を絶対化して、自分を神にしてしまうことが罪。

河口　ああ、そうだ！　自分が一番罪深い。私（笑）だって、自分のことしか考えない。自分の幸せしか……たぶんそうかもね。

大月　だから、聖書でいう罪って何かということですが、「原罪」とかってあるじゃないですか。アダムとエバの罪とか言ったときに、私の大学の先生が言われたのは、ようするに自分を神化したことだと。食べてはいけないという約束を（「これを食べたら死ぬよ」と神様は嘘をついているんですけど）破って実を食べるんですよね。そこでは、蛇がサタンの使いだということになっているんですけど、まずエバが蛇にだまされて食べて、アダムにも食べさせるわけです。そして、神様が来られたとわかったので、二人は隠れて、神がなんで隠れたのかときくと、自分が嘘をついたからではなくて、自分が裸でいたことが恥ずかしかったと答えています。神様が「何で裸って知ったんだ？」ときいたら、食べてはいけないものを食べたということがわかったので、「何で食べたの」ときいたら、「あなたが作られた女が悪いんだ。私は悪くない。あなたが作ったこの女が悪いんだ！」エバは「あなたが作ったこの蛇が悪いんだ」っていう形で、自分を絶対化して責任を転嫁していくことが罪なんだという風に解釈されました。自分を絶対化しちゃいけない。神化しちゃいけない。それが他の人を傷つけたりってことになるよという教えだと。

虎井　他の人の中にも神様がいると思ったら、その人を尊重できると思うんだけど。

寛容と不寛容

河口　そこで思ったのはね。大月さんが、寛容／不寛容ということで書いているじゃない。その寛容／不寛容というのは、西洋のキリスト教世界の中では重要な考え方ですよね。たとえば、寛容というのは、「特定の宗教、宗派あるいはその信仰の内容、形態だけを絶対的なものとして、他を排除するのではなく、他の宗教、宗派、信仰にもその存在を容認すること」という風に『宗教学事典』に書いてあります。寛容／不寛容という言葉を聞くとね、たとえば許すか許さないか、許可するかしないかということになって、じゃあ誰が許可するのかといったら、やっぱりキリスト教自体が他の宗教、宗派、異端というのを寛容／不寛容で判断するわけですよね。

　寛容／不寛容という軸が出てくること自体が正しいか間違っているかとかの問題があると思うんです。何が中心にあって、何が周辺にあるのかとか、それから、決まりを守っているのか守ってないのか、つまり共同体の中のきまりを守っている人たち、それからそれ以外の人たちとかという、そういう区分が存在していて、その軸に従って、寛容／不寛容というのが取り決められているような感じに思えてしまって。そうなると、キリスト教というのは、やっぱり自分を中心に置いて、絶対的なものとしているように聞こえてしまうんだよね。

虎井　教団がそうなんで、イエスさまがそうだっていうわけではないんではないか。

大月　今、おっしゃった通りだと思うんですけど。ゆるすかゆるさないかというのは誰かというのは、神が赦すか赦さないかであって、人間が許すか許さないという権限は持っていないはずです。にもかかわらず、キリスト教団はそれをやってしまっているわけですよね。それが、この寛容／不寛容のずれ。結局これってずれていっているわけじゃないですか。ずれが生じているのは人間の考えでしかない。さっき言った自己絶対化をしてはいけないと言いながら、「自分の宗教絶対や！」と言っているわけですから、その時点であなた陥っているやんという感じはするんですけどね。キリスト教自身が。

河口　そうすると、たとえばこれはちょっと宗教から離れるんだけれども、デミス・アルトマンという人がいてね。ゲイの研究の先駆けの人なんだけれども、その人が最初の頃に、一九七〇年くらいに書いた本の中で、「迫害とか差別というのは明らかに差別の形態だけれども、寛容ももう一つの抑圧形態である」という風に言ったりしている。そうするとキリスト教の例なんかを考えてみると、やっぱり寛容というのは、中心／周縁というようなものを作り上げたりする。あるいは、それを許すか許さないかということになれば「哀れみ」というようなことで「この人を許してやろう」というような「憐憫《れんびん》」という感情というようなものが前提になっている。もちろんキリスト者が一人一人が寛容／不寛容というのを決めるというわけではないんだけれども、大きな組織とかになってくるとそういうようなことが、寛容／不寛容の軸で切ってしまうようなところがあるのかなという風に思う。

大月　その中心／周縁というのが、人間が言う、「神を信じるキリスト者としては、こういうもの」というような中心とそれ以外の周縁を作ってしまう。確かにそうですよね。

虎井　ちょっと話はずれるのですが、キリスト精神というのは全員がもともと持っているんですよね。

大月　キリスト精神？　あ、キリストの精神っていうことですか？

虎井　たとえば、精神世界では、仏陀もキリストだし、イエスもキリストだし、ラーマクリシュナもキリストだし、つまり、自分の中にキリストがいるってことは言うわけですよ。イエス・キリストというのは別の人、キリストの一つの形態としてイエスがいるけれども……

大月　それはキリスト教にはない。

虎井　ないんだ。

大月　キリストというのは、イエス・キリスト以外をキリストとはしない。私たちの信仰としては、キリスト者であることの信仰の原点は、イエス・キリストを救い主であると告白することなんですよ。

虎井　他の人は救い主ではないんだ？

大月　救い主ではないです。

虎井　そこは、寛容／不寛容と言うところに関係しますか。

大月　宗教というものが、たとえば山にたとえられて、頂点は一緒だけど登り口が違うだけとか、根っこが一緒だけど咲いている花が違うという言い方はしますよ。でも、仏陀もキリストという言い方は絶対、キリスト教会の中ではしない。

虎井　キリスト教会の中ではねえ。そういうもんなのかもしれないな。

大月　そういう意味では、中心というのは一個しかない。

河口　唯一絶対の中心。

大月　イエスだけではなくて、キリスト教の歴史でいえば、旧約からですから。イエスが生まれる前からでいうと、イスラエル民族においてもあるわけです。自分たちがイスラエル民族というのは、神に選ばれた民であって、神に救われているのは、私たちだけっていうのはあるけれども、

河口　「選民思想」ってやつね。

大月　「選民思想」っていうのはあるけれども、律法を読んでいると、「寄留者を保護しなさい」という形で、他の人、つまり周辺を切り捨てるようなことはあまりしていないですけど、それが歴史の中でだんだん迫害されていくに従って、自分たちこそが選ばれた民であって、自分たちこそが聖なるものであって、異邦人は汚れた者だと強調していくようになってしまったのです。

虎井　迫害されたからまとまっちゃったんでしょうね。

大月　そう。偏狭的な民族主義になっていってしまって。それを何回も乗り越えようとしてい

るんですが、排他一神教だった時もあるわけですよね。いろんな国の神がいるけどその中で、ヤハウェの神が一番なんだ。でもそうではなくて、すべての神を司っているのがヤハウェだっていう考えはある。あ！それはありますね。

虎井　ああ、そうか。そういう意味でね。仏教というのは、仏陀には誰でもなれるんですよ。ゴーダマ・シッダールタが至った境地には誰でもなれるっていうことなので。ですから、仏教の帰依した人というのは、最終的に全員仏陀になれる。

大月　だから、「成仏」ですもんね。

虎井　そうそう。だから、まあ、死んだ人は誰でもってわけではないんですけど、ああいう風に何人も同じような人がいてもかまわない。あるいは神道も、木でも海でも花でもみんな同じ神性を宿している神様であるようなことも言われるんですけど。それと同じように、精神世界の方では、自分の中の神性はみんなキリスト。それをキリスト精神というんですけど、それは全員が持っていて、それを一番最高の形で発露したのがイエスだというふうに言う。だから、イエス・キリストも我々も同じなんだけど磨かれ方が違うんだ。ですから、めざしていけば、みんな同じような人、だから、ここにも書いたんですけど、聖書の言

虎井まさ衛

葉は忘れちゃったんですけど、「あなたがたは私と同じようになれる」というような言葉が確かあると思うんですけど。それはそういう意味で言われたんじゃないかと。もしたとえば、すべての人がそういう人になる可能性があるすばらしい存在の一人一人なんだということに気がつけば、戦争とかも無くなるはずではあるんですけど。

戦争というのは、ほとんど宗教がらみではあるけれども、何かもうちょっと一つなんだっていう風に、いわゆる「ワンネス」というのですが、そういう気持ちが徹底できれば平和になっていくんではないかと。それを共同体みたいな形で実践しているところがいくつかあって、そこではそれこそムーミン谷みたいな雰囲気でみんな暮らしているんですけど。それを世界中に広めようと思ってもなかなか難しい。それはやっぱり、信仰を持っている人が頑固だから。そこさえ何とかなれば……。その気持ちはとてもわかる、自分としても（大月さんのことを言っているのではなく、キリスト教団のことを言っているんですけど）。二十二年もやっていても、自分たちのところもそういうところが非常にあるので。そういうものを持っていても手を握れるような形にならないものかなと思って。

大月　聖書の中では、神の愛は私たちに対して寛容だよってことが言われているのに、そのイエスの生き方を自分たちも実践しなさいというところで、自分たちも人に対して寛容でありなさい、というのが基本のはずなんですけど、どこかで許す／許さないになってくるから話がちょっと違ってくると思うんですけどね。

虎井　今、キリスト教団の中でそれをどうにかしようとかっていう動きはあるんですか？

大月　先ほどから「キリスト教団」と言われるんですけど、「教団」というのはいろいろあるので……

虎井　どこの教団でもいいですけど。

大月　もちろん、カトリックとプロテスタントが一致していきたいというのはあります。たとえば「一致祈祷会」というのはある。でも、「聖体拝領」が一緒にできないとか、だからミサはできないとか。細かいところで一緒になれないというのがあって。でも、やっぱり、他宗教との対話とか、エキュメニカルということが、一つの研究分野として最近は声高に言われています。他の宗教とどうやって一緒に手をとりあって、やっていけるかというのは課題になっていますよね。キリスト教会の中では。

虎井　どんどん飛躍的に進展していくといいですね。キリスト教会だけではなく、どこもかしこも。いろんなところが。

大月　そういう意味では、ちょっと卑近な例で、たとえになるかどうかわからないんですけど、広島で八・六の「原爆記念日」に、朝六時一五分から原爆供養塔の前で「原爆死没者慰霊行事」が行われるのですが、そこでは神主とお坊さんと神父と牧師が一緒に行うわけです。献水があって、お祓いがあって、祝詞があげられて、読経があって、讃美歌を歌って、お祈りをして、献花があって、玉串奉奠《ほうてん》があって、お焼香があるという。それを最初に見たとき一瞬びっくりしました。なんでこんなことができるのだろうと。何年か参加して感じたことは、おそらく「同じことを二度と繰り返したくない」という思いがあって、一応形だけでも一致ができているからなのかなと思いました。

虎井　それはすごい。それが広がったらいいんですけどね。死んだ人たちだって、みんなそれぞれの信仰で祈ってもらいたいでしょうしね。「ワンネス」に目ざめてなければ、余計にね。

大月　もちろんそうですよね。だから、「合祀」がまさにそうじゃないですか。あれは「お国のために」ということで、また、「国家神道」というややこしいものがあるので、キリスト教徒でありながら、護国神社にまつられてしまうことに対して、「いやです」と言い続けた方がいるわけですから。

虎井　思ったのは、「精神世界」って西洋的なものから読んでいったんですけど、それを最初に読んでから日本の「神道」のことを読むと、びっくりするほど一致するんですよね。神道をすごい見直してしまった。ただ天皇制のところは少し別になりますが。

大月　国家神道と神社神道を区別しないと。

受容と理解

河口　さっき、万物に魂が宿るという話があったじゃないですか。一つ一つの物に、あるいは人に、動物に、魂が、あるいは神性が備わった対象であって、お互いにそういうものを持った存在であるか、お互いに尊敬し、尊重しあっていけば、ある程度秩序というか、争いごとかがなくなるという。それは、素朴な意味で、何となくわかるのね。難しい教義とかと言われると、何となく禁止されているような、これをしてはならない、あれをしてはならないという風に言われると何かこう禁止されているような感じになるんだけど。魂の考え方というのを少し深めていくと、お互いに魂を持った存在なんだからそれこそ魂を持っているんだから、殺しあってはならない。魂を消滅させるようなことをしてはならないというような考えに通ずるので、わりとわかりやすいんだよね。だから、ぴんとくるものがあるんですよね。

さっきの寛容と言うこととちょっと関連するかもしれないのですが、宗教とか信仰と関係はなくて、たとえばある学生が映画を見ていた時に、書いてくれた感想なんだけど。受容と理解という問題を出してきたんですよね。「受容」というのは何かというと、その学生の言い方では、「自己ではない他者を自らの内に取り込むこと」を「受容」という風に考えている。「理解」というのは「他者を他者としてわかる」ということ。そういう風に考えると、「寛容／不寛容」ではないあり方として「受容」というものがあって、たとえば、「神性」を宿していると言うことは、自分のものにはない、たとえば神の何らかの部分を取り込んでいるという存在。で受容。その受容した者同士が、お互いに違う者だけれども、違いと違いを交流させて、自分の中に取り込むというようなそういう在り方というのは、一つ寛容と違うような、誰か許す主体があって許されるという客体があるということとは違うような在り方というのがあるんではないかなという気はしているんですよね。

虎井　まったくこれ以上ないほど身近な例でいうと、うちの母親と自分、あるいは母親と子どもという感じもするんですけど、うちの母親が言ったことがあって、「おまえの性同一性障害は理解はできないけれども、性同一性障害を持った人間としては理解できないけれども、子どもとしては受け入れられる」。それを聴いた時、それでいいやと思ったんですよね。理解してもらえなくても受け入れてもらえたらそれでいいと。何か、全部ひっくるめて理解しろというのはとても無理だけれども、子どもという部分だけでも残しておいてくれてありがたいなと思ったんですよ。それは本当に母と子ども、あるいは神様と人間と同じ。つまり、母親が自分の血肉をわけて産んだ子どもですよね。神様と人間の場合でも、自分の一部を分けて作った子ども達だから、それはそれでたとえどんなにやんちゃで悪い人間であろうと、自分の子どもだから受け入れるというところがあるぐらい。それはだから寛容な神様というよりかは受容する神様という形だともっともっと甘えられるかな、恐れないですむ。親のような……という気がするんです。

だから、うちの母親はえらいな、神様だなとか思って。まあ、神様というのはだいたいキリスト教ができあがった時代は、時代的にしょうがなかったのかもしれませんけど、「父なる神」。だんだん時代が下がってきたら、今はやっぱり「父母なる神」っていうんですか？

大月　「父なる神」というのはやっぱり家制度のようなものの解釈が入っているので。もともと「父なる神」というのは、神と人間、私たちとの関係がそれほど近しい存在であることを表そうとしていて、昔は「神の顔を見たら死ぬ」と言われていた時代があるわけですよね。「神と顔を合わせた者は死ぬ」それぐらい特化されていた存在を、怖い存在でも恐ろしい存在でもなく、自分に近しい存在であることを表すために、「おとうちゃん！」という言葉で、「お父様」ではなく、「とうちゃん」っていう呼び名で呼んでいいんだよ。それぐらい近しい関係なんだよということを表すために「父」ということを最初は言い出したはずなんですけど、それが父にまつわるいやなイメージがあるので、「父なる神、母なる神、そして私たちの神」という言い方を九州教区の女性達なんかはずいぶん前にし始めましたし、「父なる神様」とは祈らないで、「私たちの主なる神様」とか、言葉をかえるようにはなっています。

虎井　やっぱり最初は、今もかもわかりませんが、かなり長いこと、神様は男だと考えられていたのですか。

大月　そうそう、ひげが長くて……

虎井　白髪で、杖を持っててとか。

大月　さっきの話に戻させていただくと、実は聖書では人間はみんな「神のかたち」に創造されたと書かれているので、最も美しい、神と同じかたちに造られた。神にかたどられて造られた。「神のかたち」にふさわしい人とふさわしくない人がいるわけではなくて、全員「神のかたち」として造られていて、その存在が、さっきの話のようにみんな神様から造られたかけがえのない存在なんだよ、ということをお互いに受け入れあって、神の前にみんな平等なんだということが実はキリスト教のもともとのイスラエル民族の信仰だったわけですよね。

だから、それを守るために、殺してはいけないとかあれをしてはいけないという禁止事項が出来ていったのに、禁止事項だけが抜き取られていったので、厳しい宗教みたいになっていってしまったんですが、本当はその人の存在を守るためのものであるはずなんですよね。だから、どんなに神から離れていっても、それでも受け止め続ける神の愛というのをずっとキリスト教は語る訳ですけれども。だから、徹底的に受容のはずなんです。

虎井　親ですもんね。

大月　「あなた理解できないから」とかいうのはあまりないんですよね。

虎井　それを言い出したのは、その子ども達同士。

大月　そうです。だから「不寛容」というのは本来ないはずなのに、神は寛容であるというだけなのに、その対の言葉ができてしまい、周縁が出来てしまったんだと思いますけど。

戦争の話になると、宗教のせいにさせられていくんですけど、それとは別に、それをすると得する人たちがいて、自分たちの利益のために戦争をして、でも、それでは正当化されないので、「神がこう言っている」と言って、神の名を利用しているにすぎないとは思うんですけどね。

虎井　なるほどね。

大月　ブッシュが今しているのはまさしくそれなので。

河口　セクシュアル・マイノリティなどの立場からすると、禁止というのがすごくあったりするから、近づきがたいようなそういうイメージが作られているというのも確かですよね。本当は受容すべき宗教であるにもかかわらず、禁止をしてしまっている。禁止をしてしまっているというか、そういうのがすごく一般に流通してしまっている。

大月　すごく不思議なのは、教会に勤めていたころは、人に「私は牧師です」と自己紹介すると、「教会って行ってもいいんですか?」とよく聞かれるんです。ようするに、よく「敷居が高い」と言われるのですが、教会というのは、限られた一部のクリスチャンのためのものだと、許された人だけが入れ、それ以外の人は行ってはいけないみたいなイメージがあるみたいで。それぐらい遠く感じさせているものは何?　と思ったんですけど。

虎井　お寺や神社と違って、いつも鍵がかかっているというイメージはあります。門に鍵がかかっている。私などキリスト教会から人が出てくるだけでも、その人を目で追っちゃうくらい憧れていたんです。もちろんそれは、西洋指向なところというか、バタ臭いものに憧れてしまうようなところもあるかもしれないですけど、いっぺん見てみたい人はいっぱいいると思います。お寺や神社は勝手に行って勝手に鈴を鳴らしたりできるけど、それができないところが、逆に神秘的に感じるところもあって。確かに敷居は高いかなと思いますけど。

大月　さきほど、禁止とおっしゃいましたけど、禁止だけではなくて存在を否定するようなことを言っていたりするわけじゃないですか。「罪人だ」みたいな。

虎井　でも、それはイエス様が言っているわけではないから。

大月　人が言っている。すごく傷つけることを言っている。アカーの裁判のきっかけになった「東京府中青年の家」事件も……。

河口　たとえば、そういう解釈はいくようにも成り立つわけじゃないですか。書の中の一文かでもね。そうすると、ある解釈がなされて、それがすごく性的少数者に否定的であると。だけど、違う解釈をもう一回ぶつけるわけですよね。まあ、これはすごく必要なことなんだと思うんだけど、そうなるとまたそれに対するいろんな解釈をぶつけると、またその解釈に対してまた違う解釈をするという。そうするといたちごっこみたいになるからね。そのへんはどうやって……まあ、いたちごっこをずっと続けるということもあると思うんですけど。

大月　そうなんです。一九九八年に日本基督教団で「伊藤発言・大住文書」と呼ばれている「同性愛者をはじめとするセクシュアル・マイノリティ差別の発言（伊藤発言は「同性愛者差別」）」があった時に、「聖書に罪だと書いてある」と言われたのですが。そのときに私たちが徹底的にやったのは、相手の土俵に乗るのをやめようということ。聖書に書いてあるのはこうだという解釈のしなおしはしない！　という方法をとったんです。今おっしゃったように解釈をしなおしたら、相手の土俵に乗ってしまうことになり、また「いや、その解釈は間違いだ。

本当の解釈はこれだ」と言って、ぶつけ合いになってしまって、私たちがめざしているところではないところで消耗してしまうので。だから、この本を書く時も、細かい聖書の解釈のしなおしとか、ここで書いてあるのはこういう意味だよということを書くことに対して、結構、抵抗もあったんですよ。

だけど、そこまでのいきさつを知らない人たちは、「でも、聖書にこうやって書いてあるらしいじゃないですか」と、聖書で自分たちは否定されているんだと思い込まされてしまうので、そうした人たちに対しては、それは聖書にそう書いてあるのではなくて、解釈の仕方の問題だったりとか、人が言っている言葉にすぎないよというメッセージを伝えなければならないかなと思って、この本を書いたんです。でも、私は書きながら、キリスト教会から批判を受けるのではという不安も感じています。そういう信仰を受け入れられない人はキリスト者の中にもいるので。そこでまたキリスト者の間の対立になってくると、違うところで消耗する心配は確かにしています。

言葉と沈黙と

大月　河口さんがおっしゃったように、言葉に頼りすぎているところはあるんですよね。カトリックの人たちで、禅を取り入れている人たちがいて、それは、言葉ばっかりの中で、ここでも言葉がうるさいからという話がありますが、無になる、言葉から解放される瞬間ってやっぱり必要。牧師とかってずっと言葉を紡いでる仕事をするから、だから無になって、そこで新たに気づくってものはあると思うんですけど。ほんとは聖書の言葉がどうとか言う前に、あなたも神様に必要とされている大事な一人なのよっていうメッセージを伝えたいだけ。

虎井　黙っていることとって大事ですよね。なんかあの、「沈黙に一番似ているものは神だ」っていうから。黙想の時とかをもって……。ここで突飛ではないけど、つながってる話だと思うんですけど、ある日雪の道を歩いていて、雪ってすごく音を吸収するからシーンとするじゃないですか、登校班だかなんだか、とにかくみんなで歩いてたんですよ一列で。黙々と歩いてたら、自分の前にいる人とかまわりにいる人とすごく一体になった気がしたんですよ。その時私は八つか九つだったんですけど、その時ものすごくシーンとしてて、みんながその、なんて言うんだろう、余計なことを考えていなかったと思うんですよ、余計なことを考えてるとすべって転んじゃうから。一斉に歩くことだけに集中していて、自分の考えを何も持たなくて、シーンとした中を、ひとつの学校にいくという目的のためだけに歩いていた時、世界が一つって気がしたんです。その時は多分、さっきの話に無理矢理こじつけると、自分の中の、黙った時が一番神性が発揮できると思うんですよ。自我が消滅していて、集中していてまっすぐしっかり一つの目的で、静かに歩いていた時ってのは、何十人もいたんですけど、一つになった気がした。それを例えば何月何日何分でもいいから、世界一斉にやってみたら、ちょっと何か変わるんでは。

大月　時々やりますよ、みんなで一斉に祈りましょうとか（笑）。

虎井　何億倍もの人数でですよ（笑）。

河口　「祈りましょう」だと言葉になっちゃうから（笑）。だから難しい言葉で言えば、「認識論的な存在」と、「実存的な存在」というのがあるんですよ。宗教だとこれまでやっぱり認識論的な枠組みの中で、教義がこうだからこういうふうに考えるとか意味を解釈するとかね、ある意味を作るとかいう検討がなされたと思うんです。実存的な存在を丸ごと受容するような、そういう瞬間ていうのはね、さっき雪の中の例で言われたけれど、それはまさしく多分、その場にいることは誰がなんと言おうといるわけですよ（笑）。無言であれなんであれ。それを宗教の中でどういうふうに考えていったらいいのかな。具体的にどういうふうにするかは思い浮かばないんだけども。

大月　一つは、いるということで言えば、神の名前に意味があるんですけど、ヤハウェっていうのは、ｂｅ動詞なんです。だから「いる」っていう思いと、ｂｅ動詞には「行動をおこす」「救いをおこす」っていう意味があるから、いるっていうだけの意味と、何かするっていうのと、二つの意味が、神という名前の中にこめられてるんです。共に生きるっていうのは誰かのために何かをしてあげるのがいいことではなくって、一緒にいるだけでいいんだよっていうことです。

虎井　たとえば、イグナチオ教会っていうのが四谷にあって、うちから遠いんで時々しか行かないんですけど、礼拝堂があるんですね。大勢でみんなで一緒にシーンとしててもさっきの雪の中にいるような気持ちがしないんですけど、一人か二人の時ってのはほんとになんか、宙に浮いちゃうみたいな不思議な気分になることがあって、アタマの中は真っ白で。その時って多分そこにいる人たち、少人数なんですけど、何も考えてない、そこにいるだけなんだろうなって。これで何を言いたいのかっていうと、ただそこにいるだけで、それで自分は他に何もなくとも満ち足りることができる存在なんだ、ってわかった人たちが多くなると、あんまり世界は混乱しないで済むんじゃないかなあと。だから言葉に頼りすぎてるんですよね。聖書を開けた途端にヴィジュアルが浮かぶ、そういう本だったら（笑）信者とか増えるかも。

河口　それはそれでコワイですよ（笑）。

虎井　つまり虹とか愛とか鳩とか、そういうものが出てくるわけですよ。塩の柱とかイカヅチとかではなくって、美しいきれいな希望に溢れたヴィジュアルが出てくるようなものだったら、誰でも開きたくなるし誰でも持っていたくなるようなものなんだろうけど、言葉があまりにも人間の垢にまみれているから……もちろんそういう言葉だけではないですよ、もちろん神様からの霊感で書かれたことはとてもたくさんある、ほとんどがそうなんですけど、それを書いた人間たちの歴史的文化的解釈の入り込みが多すぎるところも難しい。特に、「（聖書で）禁止されている人種」としてはつらいところもあって。それはだんだん、おいおい変

鼎談風景。右側から河口、大月、虎井。

わっていくんでしょうね。たとえばフェミニズム神学っていうのは、よく知らないんですけど、変えていこうとしてるんでしょう?

大月　カトリックは神父を通さないと聖書が読めなかった時代があるんです。宗教革命の時、マルティン・ルターは、自分の言葉で読めるようにとそれまでラテン語で書かれていた聖書を自分の国の言葉であるドイツ語に翻訳したんだけども、今のプロテスタント教会の中でも、「聖書を読む時にまちがって解釈をするといけないので、牧師さんに訊きましょう」とか、「注解書を読みましょう」っていうお勧めがされてきたんです。すると牧師さんっていうのは「男」だったり、注解書書いてるのは「男」だったりするわけですよね。そこの解釈ってのはすごいやっぱり女性差別的だったり、マイノリティという視点もなにもなかったりするわけです。もっと言えばホモフォビックな考え方だったりする。だからこそ、女性やマイノリティの視点で読み直していいっていうか、自分たちで読み直す必要がある、解釈しなおす必要があることだし、前は女性の視点で聖書を読むって姿勢でやってたんですけど、「私の視点」で聖書を読むって言うことをやろうということにようやくなってきました。

虎井　そういったものが全国的にもっと拡がっていったらいいな……。

大月　男性教職からはやっぱり大不評（笑）。学問として成り立たないとかね。

虎井　そういう人たちって催眠術かけてでも一回女になったらいい。そしたら気持ちがわかるんじゃないかなとおもうんですよねー。なんか変な話ですけどやっぱり男になったら、すごく周りが尊敬してくれるんですよね。

河口・大月　おお～（笑）！

虎井　くだらないと思うんですよ、中身は全然変わってないけど、外見とか声だけで、そんなに尊敬されちゃっていいんでしょうかって。

河口　まあ日本はね。

虎井　女性優位な社会ってところどころにありますけど、男性優位な社会では男だっていうだけで、それだけで尊敬される。だから女性の牧師さんっていうのは、昔は……今もそうかもしれないけど大変だって思う。

大月　『性の意味』に書いた文章は、そこで始めましたけど、よく「牧師です」って言っても信じてもらえないことがあって「女でもなれるんですか?」と聞かれるところから牧師のイメージは「男性」であることがわかりますし、次に訊かれるのが「結婚できるんですか」って質問ですけど。女性の牧師はほんとはいるんだけどもやっぱり、男性のほうがありがたいと言われてしまう。

虎井　それは神様が「父」だから?

大月　というより、男性優位社会だから。男性中心であって、男性よりも女性は劣った存在と思われているのでしょう。

言葉からの解放と受容

河口　あと言葉の問題っていうのは、宗教とちょっと離れて、セクシュアル・マイノリティのほとんどはやっぱり自分で「何である」と言わないと、この世に存在できないんだよね(笑)。そうするとある意味やっぱり言葉に……言葉っていうのは規定、便利なものではあるけれども、反面やっぱりそれに縛られたりとか、規定されたりとかね、あるいはひどく抑圧されたりってこともあるわけです。そのへんのところがすごく難しいところで、自分の存在を表すためには言葉を使わなきゃいけないけれども、その言葉から抑圧されるとか、その言葉で書かれている聖書の教義からすごく疎んじられてしまうとかっていうような……。宗教の問題だけじゃなくって、まあ宗教学的な場面でも言葉を使っていかないとね、自分たちの存在が何かっていうのを示すことはできないし、だからカミングアウトみたいなことがあるんだけれど、自分は学問とかをやってたりするとほんとに、さっきも言われたように、なにもかも言葉（笑）。それこそ言葉で書いていかなきゃいけないわけだから。たまにやっぱりそういう言葉から解放されたいってことはあったりするのね。

宗教ではないけれど、たとえばゲイの人たちがよくクラブとか行って踊ったりするじゃない。ある意味、言語から解放された世界で、ほんとに自分の身体を使って、表現をする。別に何も言わなくてもいいわけですね。ゲイナイトだったら集まってくる人は、ある程度ゲイだって想定されている。ある意味そういう場面も、ひとつのユートピアではあるんだけれど、現実的には生活をそういう場でするというのも、ある程度必要です。宗教も、惹かれるのはやっぱりそういう部分もあるのかなっていうふうに関連づけて考えることあるんだけれど。

虎井　それで守られたりとか、落ち着いたり、癒されたりとか。自分をまるごと受け入れてくれるかもしれない空間として。

大月　自分の問題とか疑問とか謎を解決してくれる場所、それに対しての答を与えてくれる場所、っていうことを求められることもあるけれども、それだけじゃなくてやっぱり、そこにいたら受け入れられる、受容ですよね。例えばハンセン病の療養所の人の中である人が、一夜にして視力を失った方がおられるのですが、当時の診療所では、軽症者が重症者の看護をしていたので、その人はそれまでは重症の人の世話をしてあげる立場だったのに、世話になる立場になってしまって、自分はこの世で必要ないんじゃないかって思って、ほんと落ち込んでたら、園内放送から「教会においで」っていう放送が聞こえて、教会に行ってみたら、自分も大事な一人として受け入れられた。ここには生きていける意味がある、自分は生きていていい存在なんだってことがわかったので教会に関わりだしたって人がいます。そこにいてもいいんだよ、あなたはいてもいいんだよっていうメッセージなんですよね、本当は。

虎井　それを全ての人にできたらいいですよね、セクシュアル・マイノリティだろうがなんだろうが。

大月　ただ、きょうも話しててやっぱりショックなのは、「やっぱり受け入れられないいんじゃないか」と思って入れなかったんだという虎井さんの言葉に対しては、キリスト教会に生きるものとしては、申し訳ないと思ってしまうところもあるし、それが現実なんだなって、そういうことをキリスト教はしてきたんだなっていうところはあるんですけど。

河口　多分聖書に明文化されてた文が問題なんだと思うんですけど。

大月　なんでこういう言葉があるかということに対しては書いてないからね、聖書には。

虎井　そうそう。それを誰か、ローマ法王なんかが、「あれは間違いでした」とか書いてくれたらいいんですけど、上の方の人が。多分永久に望めないだろう……いや、そんなことないかな。

大月　ローマ法王にはそういう力はないんですよ。

虎井　じゃ誰もできないか。

大月　それはだから、聖書を読んだ牧師とか神父が「そういうふうに言うのは間違いだよ」って……。

虎井　何度も何度も。もう書いている人はいっぱいいると思うんだけど……。

大月　一介の人が言っても広くは伝わらない。それこそローマ法王が言えば、カトリックには全部伝わりますが……。

虎井　かなり違うでしょうね。どうなんですか、ゲイやレズビアンの方々でキリスト教関係であれ宗教関係であれ色々あると思うんですけど、受容されたくて行ってはねつけられることはかなりあるんですか。

河口　もちろんね、事件があったぐらいですからね、はねつけられるってことはあると思うんです。ただやっぱり自分から引いてしまうっていうのが多いんじゃないかな。キリスト教っていうのはセクシュアル・マイノリティには厳しいと。だから行っても自分の悩みをね、解決してくれたりとか、助けてくれたりっていうような期待がもてない……。

虎井　かえって責められちゃったりと思ったりとか……。

河口　そういう人も一定数いるとは思うんですよね。

聖書の中のセクシュアル・マイノリティ

大月　実は聖書の中でもそういうのがあって、「フェニキアの女」の話というのがあるんですけど、フェニキアの女がイエスに「助けてくれ」と言うとイエスは「おまえら異邦人やからあかん」と言うと女は「なに言うてんねん、犬だって落ちてるパンくずは食べるやろ」って言って、「おお！　そうやね〜」ってイエスが女に救いを語るってシーンがあります。イエスはこの女性と出会って、自分の今までなかった差別性に気づかされて新しい視点が与えられて、イエスも変えられたんだっていうふうに女性達は読み直しています。

虎井　宦官のことについてはどういう解釈だったんですかね。

大月　宦官に関してはほとんど触れられてない、宦官であるということが、何であるかということに関して、触れてこなかった。

虎井　今までも。これからは違うかもわからない……。

大月　最近はその富田正樹さんのおかげで宦官っていうのはセクシュアル・マイノリティなんだっていうことを私も言い、平良愛香さんも言いはじめています。

虎井　自発的じゃないにしろ、タマを抜いちゃった人ですもんね。どうでしょう、「独身者として生まれつく者もいる」って言葉はどういう解釈なんですか。

大月　「結婚」って言葉に置き換えられちゃってるんで。結婚しない者。独身者だからって。

虎井　ここです、私が書いたものは本書の一二二頁目。同じことを違う言葉で書いてるんで。「母の胎内から独身者に生まれついているものがあり」（マタイ一九・一二）。これはうちにある聖書からそのまま抜いたんですよ。高校生だから二十何年前のやつ。

大月　たぶん口語訳聖書じゃないかな。独身者っていうのは今の『新共同訳聖書』では「結婚できないように生まれついた者、人から結婚できないようにされた者、天の国のために結婚しない者もいる」っていうような訳がされてるんですけど。ユウヌーコスは直訳すると「宦官」、「去勢された者」。

虎井　できないように生まれついた者、できないようにされた者っていうのは、言葉は悪いかもわかりませんけど、セクシュアル・マイノリティももちろん……

大月　含まれる。

虎井　それが書いてあるのに、うーん。

大月　セクシュアル・マイノリティが含まれるということは、最近私たちが言い出しているだけで、これをセクシュアル・マイノリティという解釈はこれまで一切されていないです。結婚に対しての条件みたいな感じで読んでるから。

虎井　たとえば、相手が見つからない者とか、そういう感じ。

大月　うん、そうですね。

虎井　これからどんどん新訳が出ますね、許されるのだったら。

大月　だから富田正樹さんは、だいぶ前ですけども、「ユウヌーコスという言葉は単なる職業名というよりも、当時の社会においてインターセクシュアルもトランスセクシュアルも、同性愛者も両性愛者も異性装も、単に結婚していない人もエイセクシュアルも、独身を貫く者もユウヌーコスと言われて差別されていたのではないか」っていうふうに推測している。

虎井　偉い！　この人はいくつくらいの方なんですか。

大月　四十代……。

虎井　まだ若いんだ。それでこういうことを言い出してくださり、ありがたいですね。神父さん？

大月　いや、牧師ですねやっぱり。学校の先生をしてるんだけど。これを最初に彼が書いてくれた。

虎井　最初っからそういうふうに思ってくれてたんだから、解釈のしなおしによってはそれこそ望みもでてきますよね。

大月　それまでは、よく私たちが言ったのは、障害者に対してイエスが手を差し伸べて癒されたとかいっぱいあるのに、なんで同性愛者が出てないんだろうか（笑）、出ててくれたらなーとか、セクシュアル・マイノリティが出てて、それが劇的に救われている物語が出てたら私たち楽なのに（笑）と思った時期があったんですけど、本来は出てるのに、それがそうだということは認識されてなかった。

虎井　これ読んだらまったくその通り。

大月　ここに書きましたけど、要するに戦争で侵略した場合、負けた国の人間を去勢しちゃうってことやってたんですよね。だから睾丸が潰れた者は神の会衆に出るな、みたいなのは、そういう理由で書かれたんじゃないかなと思うんですよ。生まれつきのトランスセクシュアルとかインターセクシュアルが言われているのではなくて。属国の人間たち。

幸せとは

河口　幸せであるということを考えてみると、虎井さんの場合にはわりと「思えば通ずる」っていう……。

虎井　なんか幸せってのは不治の病であろうと、火あぶりの最中であろうと、自分で幸せだと思ったら幸せなんですよ。人が決めることじゃなくて自分が決めること。だから「ものすごい苦労されたんでしょう」って、私に向かってね、言う人もいるんですけど、全然そんなつもりはない。そういうふうに考えてこなかったんで、苦労した覚えが全然ないんですよね。考えると幸せだったし、今も幸せだなあと。だから物事ってのはほんとに、ただ起こるんで、幸せだとか不幸せだとかって考えるのは、「取り方」で決まるんだろうと。たとえば高校生に殴られて死んじゃった牧師さんだって、「幸せなんだな。これでこの子達のストレスを発散させて、イエスさまの御許に行けるんだからなんて幸せなんだろう」と思ってたら、多分自分は幸せだったんでしょう。

河口　そうでしょうね。

虎井　端からみたら「あ～イラつくっ」と思うんですけど、その人は多分満足して死んだんだろうと思うと、そこがなんかものすごく引っかかるのは、自分がこんなにこの人は不幸だと思ってるのに、この人は自分のこと幸せだと思ってると思うと、なんかムカついちゃうんですよね、なんかそれは悪いことなんですけど。でも、なんかそれぐらい、気になる相手を好きになる、みたいな感じで、ってことは、自分がそういう人になりたいのかもしれないって気が、ちょっとする。でも、そんな人にならなくとも今でも十分幸せですけど。多分この先何が起こっても、物の取り方で幸せって決まるんだって思ってるから、不幸にはなれないっていうのがあって、すごく、だからありがたい。

キリスト教的な幸せってなんですか？

大月　……（笑）。

河口　そこんとこがね、なんか（笑）。

虎井　現世の話でもあの世のことでも。あ、でも現世の話になるんですか。

大月　そうです、そうです。

河口　基本的にはキリスト教は現世で幸せに暮らすことを目指している……。

大月　現世で幸せにならんと意味ないやろってことを最近やっとみんなが言い出しています。今までは、死んだあと幸せに生きるためにどうしたらいいかって話だったんですけど、要するに御利益宗教みたいになっちゃってて、こうしたら幸せがもらえるみたいな話だったんです。Ⅱ部第2章では空海の言葉を例にあげて書きましたけど、今ここで幸せでなければなんの意味もない。ただ預言者は、今ここに生きる人たちが、その状況を受け入れて幸せに生きるために必要な言葉とか、本来幸せに生きるために何が必要かってことを考えて言葉を伝えていると思うんですね。最近では自分は神様に創られた美しい存在だと思って生きることだとおもうんですけど。

河口　と言うのは、多分ね、幸せって厳然としてあるわけじゃなくって、思い込むことが大切なんじゃないかなって思うわけ、最近（笑）。いくら人からなんて言われようとね、自分にとっての幸せはこれであるというふうにね。それが思いこみだと批判されようがなんだろうが、持つことは大切なんじゃないだろうかというふうに。

虎井　誰も「勝ち組」なんて決められませんよね。

大月　「大嵐」ってゲームあるじゃないですか。輪になって、「きょう朝ごはん食べてきた人」とかって、鬼が言うとそれにあてはまる人が動くゲームですけど、大学の時神学部の学生たちでやった時に、「今幸せな人」って言われて、私何も思わずに動いたんですよ。でも動いたのが私しかいなくって（笑）、えっ⁉　ってびっくりしたら、当時付き合ってるパートナーがいたから、「おまえは幸せだよね、ヒューヒュー」って冷やかされて終わったんですよね。だから幸せっていう事柄に対しての捉え方が、こんなに人によって違うんだっていうのを痛感じました。何を持って幸せというか。だからこの「幸せについて」ってタイトル、一番辛かったです（笑）。

河口　恋愛だって思いこみだ、って言ってやれ（笑）。パートナーがいるから幸せじゃなくって、恋愛だって思いこみなんだから、だから幸せになるんだよ。

大月　別にパートナーがいたから云々じゃなくて、今私は幸せよって思いで動いたのに。恋愛という思いこみ……。

河口　そりゃおまえたちだってするだろうって、同じように思い込んでる。

虎井　私は手術が終わったら絶対幸せになれると思い込んでたんですよ。実際なったんですけど、その手術をする前でも、そうやって思い込むことができたら多分幸せだったんでしょうね。それは過去の話だけど。手術をしないうちは絶対幸せはやってこないっていうふうに二十三年間思ってたから、するまではほんとに不幸だったんです。でも、した途端に、何も、これから幸せになるって考えもしないんですけど、幸せになった、ほんとに、スイッチをカチッと入れ替えたみたいに。した途端にっていうか、治療をするために日本を離れた途端に、一挙に白黒からバラ色の人生になったんですよね、まだなにもしてないですよ、これからすると思っただけで。だから今考えると二十三年間ちょっと、今みたいな考え方をもし持ってたとしたら、あの時も幸せだったんだろうなあと思って……。

大月　性別移行期の人たちに、副作用大変じゃないですかとか、手術痛かった？　とか質問しても、あるＭＴＦの友人は「いや、嬉しいほうが大きいから」。

虎井　そうそう、その通り。思いこみなんですね、捉え方っていうのか。

大月　ものごとの見方って、変われば全然変わってくる……。

虎井　変わらなかったら変わらないんですよね。どこかでお二人も見たことあるかもわかんないんですけど、ある犬が小さい頃、子犬の頃、ラジカセにつないで動かないようにしてたんです、その周りしか動けないように。ラジカセのほうが重いから。だけどそのラジカセの十倍の大きさになっても、そこにつないでいると絶対動かない。引っ張れば自分と一緒に動くってことがわからないんです、その物につなぎとめられる存在なんだって自分で信じちゃってるから。だからそこでちょっと、「それは自分が歩いてったら一緒に付いていくぐらい軽い物なんだよ」って誰かが教えてくれればどんどん動けるのに、動けないんだ、って。そこらへんのカラを破っていかないとね……。

河口　例えばセクシュアル・マイノリティのこととかやってると、やっぱり社会的にものを見なきゃいけない局面ってあるじゃないですか、制度とか、どうしても不利益をこうむってるわけです。そのような状況の中で、幸せを追求するということが必要だと言われてもピンとこない場合もあり得るね。だからいくら視点を変えなさいと言われても、なかなか変えられない状況がある。やっぱり制度的な面をどうするかとか、セクシュアリティは社会的な抑圧に関係しているから、その社会をどういうふうに改革すればいいのかって考えたりしてきたわけです。それで、これまで宗教であるとか信仰であるとか、心の問題っていうのは、ちょっと脇に追いやられて来たような部分があるから、そういう側面でも考える必要はあるんじゃないかというふうに今回読ませていただいて思ったんですね。アメリカなんかでは宗教とマイノリティの問題っていうのはかなり論じられてるけど、日本だとまだ制度的なところがいっぱいいっぱいになっちゃってるし……。

虎井　日本人の話になりますが。たとえばゲイとかレズビアンの人にしても目に見えない差別はあると。寛容に思われてるけど、西洋ほど真剣に考えてもらってないから、ってところはある。そういう「暖簾に腕押し」的な時はどうしたらいいのか。「暖簾に腕押しだけど、幸せだと思ってたら幸せじゃん」ではちょっと済まない。

大月　ちょっと話はかわりますが、この本に関してはっきり言わなくてはならないことは、一個の教会について言っているんではないってことね。特定の教会を指しているんではなくて、往々にしてキリスト教会の中にありがちな考え方として言ってるってことを、強調しなきゃいけないということです。

虎井　大月さんはご著書の中で他の人がすごく教会に対して思っていることを言ってくれてる気がします。それはありがたいなと。虎井的にはＦＴＭ日本とかミニコミをやっていて、立場的になにか信仰をもっているとか、そういったことをチラホラ今まで自分の本でチョットずつ出しては来てるんですけど、これだけおおっぴらに出したのは初めてだから、虎井に近づいたらヘンな世界にひっぱりこまれるんじゃないかってことで離れていく人はいるかもしれない。その逆の人もいるかもしれない。かなり大月さんほどじゃないにしてもリスクは背負ってる（笑）んですけど、ほんとに清水の舞台から飛び降りる覚悟で出すのは大月さんのほうだと思うんですが、私とか他の、キリスト教に憧れているけど聖書の言葉が恐くて入れなかったような人は、すごく勇気を得るんじゃないかと思います。

信仰を持てない人って困った時はどうする？

虎井　そうそう、そこで素朴な質問なんですけど、信仰を持たない人って、困った時はどうするんですか？　つまり自分では乗り越えられないような問題にぶち当たった時って、誰かに助けて下さいとか……。

河口　あっ、だからね、自分の場合には、たとえばそういう時に……それこそゲイスタディーズに引き込まれた理由なんです。自分がゲイであるということで困った問題がいろいろ出てくるわけじゃない。全然どういうふうに考えたらいいかってことがわからない、ってことがあるわけですよね。その時にやっぱりひもとくのは本とかで、本ばかりではないんだけど、友達と話したりというのもあるんだけど、思考の方法であるとか、枠組みであるとか、あるいは社会のそういう枠組みがあって、それがこの問題、直面している問題を説明してくれたりすると、ハッと思ったりするわけですよね。だからそういう時に、これは自分が悩んでいる問題だけれど、この自分の悩みというのは、社会的な問題なんだっていうふうに考えられた時に、自分の悩みが自分だけのものではなくなって、その悩みも多少軽減される。なくなりはしないけれども、人の悩みと共通点があるとかって考えると、まあ、落ち着くというか……学問がそういうふうな働きをしてくれていたんではないかなと思うんですよね。

虎井 たとえば親やきょうだいが死んじゃいそうな時にも、誰もが経験することなんだからって思うと、すべてが、そんな感じ……？

河口 うん、……そういうことですよね。あとね、たとえば死んだおじいちゃんとかおばあちゃんとかにお参りしなさいとか親に言われて、するっていうのはあった。

大月 日本の場合は、「檀家」制度のおかげで、要するに個人の信仰じゃなくて「家」の宗教なんです。だから「あなたの信仰はなんですか」って言ったら、「家は仏教です」みたいな。

河口 だからそんなに縛りってのはあんまり感じてなかったのね。死んで（笑）、その人が仏様になって、その人を拝んでたっていう。

大月 それは自分が守っていかなくてはいけない立場ではなかったんですか。仏壇を守らなきゃいけないとか、家を守らなきゃいけないとか……。

河口 そういう意識はなかったですね、仏壇を守らなきゃいけないとか。

虎井 やっぱり自分の先祖だから（自分を）守ってくれるだろうということで。

河口 そうですね。

虎井　実際、後ろにいらっしゃるかもわかりませんし……。外国の人ってどうなんでしょうね、自分のやっぱり死んだ祖先とかを祈るんでしょうか。

大月　いや、それはないでしょう。日本は先祖崇拝だから、先祖崇拝の宗教を持っているところは他にもあるかもしれないけれども、キリスト教系のところは先祖崇拝はないですね。

虎井　ないですよね。

大月　逆に人間を神にしちゃいけないっていう教えだから。

虎井　でも先祖を敬うことはするんですよね。

大月　先祖を敬うことはします、墓参りもしますし、母の日ってのは元々キリスト教会で一人の人が亡くなったおかあさんを思い出したってのがキッカケだから。

河口　そう、だからそういうふうに自分の経験を思い返してみるとね、言葉で書かれたものを信じるとか、崇拝するっていう感覚が少し自分とは違う。自分は単なる仏さまになった者に対して（笑）、何も言わないものに対して敬うわけです。

大月　仏教はわかりやすいですよね。

河口　言葉によって規定されたりとか規制されたりとかっていうことも、あまりよくわからない、それに従って生きるっていうことは。ただし、宗教に限らず規範はね、言葉で語られているもんだっていうふうになれば、従っているわけだけど、自分だって。

虎井　一回言葉は忘れてですね、真っ白にならなくちゃいけませんよ。

大月　そういう意味では仏教なんかはわかんない言葉を使ってるから（笑）。
河口　なんのことだかわかんないね、お坊さん来てお経をあげてもらっても。
虎井　漢字で書かれて読めばわかるんですけど、でも読経されてもなにがなんだか。
河口　そうですよね。
大月　よくキリスト教のお葬式をすると、「ワタシも死ぬまでにはキリスト教になりたいわ」って言う人が結構います。
虎井　ああ、わかる。
大月　キリスト教の葬式は、何を言ってるかわかるからだそうです（笑）。
虎井　お経なんかもちゃんと口語訳にしてくれたらいいんですけどね。そしたらとってもわかりやすいし。中村元氏などの口語訳仏典は、わかりやすいですよ〜。
河口　祝詞だってわかんないよね、なんか大和言葉が入ってて。
虎井　なんかね、わかんないことのほうがありがたいような気がするにはするけど……やっぱり神秘的じゃないと惹き付けられないってこともあるんでしょうね。

今を生きる

虎井　この鼎談の前日に山口の教会で教会関係の集会に大月さんのお世話で行って講演したんですけど、キリスト教の教会で講演したの初めてで、なんかすごい構えちゃったところがあったんですよね。教会のカラーもあるかと思うんですけど、ものすごい、神を冒瀆をした人間だとか思われるかと思ったら全然そんなこともなく、みなさんフレンドリーで温かくて、感動したんです。

大月　この本の原稿で私が「今を生きる」というところを落としどころとして文章を終わったら、結局二人とも同じ結論に至っていたので驚きました。

虎井　自分に与えられた性と生を一生懸命生きていけばよいのだと思います、みたいな感じで終わったので、はからずも同じような終わり方になって……。だからそれを考えると、教会の中の温かい……自分の、こうあってほしいという教会の人たちの像と一致したのがほんとに嬉しかったなぁと思いました。

河口　ですからなんか宗教とか信仰とかっていうと、あの世のために今をお祈りするように思われるんだけれど、やっぱりあの世が来る前に、この世があるわけじゃないですか（笑）。やっぱりそこで私たちは生きているわけで、あがいても生きざるを得ないってことになるわけだしね。死が来るまで、いかに幸せに生きるかってことを考えたら、やっぱりその瞬間瞬間生きていないといけない。どういうふうに生きるかって自分で実感しないといけない。その瞬間が積み重なって結局、全体の一生懸命が構成されるわけだから、やっぱり生きる、それも「今」を生きるっていうのは、すごく大事だなって思ったわけです。宗教から遠ざかっている立場であっても、漫然と生きてしまったらそれなりの生き方になってしまうだろうし、その中で、自分だったらそれこそ自分本位だから、自分がいかに幸せに（笑）生きられるか、一生終えられるか考えて行動はしたいと思うようになりました。

大月　今を生きるために、宗教が必要なくて生きれた、それで私は幸せだと思ってるってことですよね。さっき先生がおっしゃった言葉で、自分の心のマネージメントだと思うんですけど、そのきっかけとして宗教が必要であればそれは一つの役割かなと思います。

河口　誰もが学問するわけじゃないし（笑）。

大月　学問であったり、占いだったり。占いやってる人を見て、「なに、占いなんて」と思う気持ちは最初はあったけれども、その人はその占いに支えられて、すごい活き活き生きてるんですよね。これだったら私の信仰と一緒じゃんって。その子が少しでもしんどいところからラクに生きれるんだったら、それも必要なことだよね。だから方向はその人によって違う。たまたま私の場合はキリスト教だったたっていうだけで。

だからこれを読んでくれた人が、今生きていくのもまんざらでもないなと（笑）思ってくれたらいいなという、思いを持って書きました。

虎井　自分を否定するように思っていた宗教も、実はそんなことはなくて、不幸だと思っていた人も、それは気のせいだとわかってくれればそれで、いいかなっていう気はしますね。

大月　それぞれなりの今を生きる力っていうのを、みんな持ってると思うんですね。イラク攻撃に反対した時もそうだけど、「私たちは決して無力ではない」っていうことをみんなで確認しあったんです。大きな力の前では何をやっても無駄だみたいなところがあるけど、決して無駄ではないし、無力ではなくて、微力だけど絶対に力はあるから。今を生きる力って、みんなそれぞれ持ってるんじゃないかな。

あるMTFの友達が、うまくいかないんじゃないかってどっかで思ってたら、うまくいかないんだと、「なるようになるからね」っていうことを教えてくれたんです。

虎井　そうそう、その通り。

大月　なるようになる、って、Let it beですけど、信じていれば必ず、その通りになるんだよ、って。たとえばうまくいかないのではないかと、どこかで思っていたら、結果的にうまくいかなかったりする。「ほら、あんたの思った通りになったでしょ」って友だちに言われました。

虎井　「思い通りになる」んじゃなくて「思った通りになる」。

大月　思った通りになる。

虎井　ほんとにその通りですよね……。

大月　最近セクシュアリティについて、教育に携わる人に話をしたりとか子どもたちに話す時があって、「自分を信じて」（笑）って、最後は終わるんですけど。

虎井　そうですよねー。

大月　自信を持って、っていうことかな……。

だから今日、鼎談してちょっと元気になった（笑）。

虎井　一言で言うと、よかったなーと思いました！　頑張りましょう。

大月　頑張るっていう言葉きらいなんですよね（笑）。頑張らなくてもいいんだけど。

河口　頑張らなきゃいけない現状もあるし（笑）。

虎井　うまくいくと思いましょう、うん。

あとがき

この本を通して、みなさんにお伝えしたかったことは「今を生きる」ということです。不思議なことに、別々に原稿を書いた虎井さんも私も同じ結論に至っていました。私たちの社会は、みんなが同じであることを好みます。少しでもそこからはみ出すと、阻害され、その枠の中に入れようという圧力がかかります。特にセクシュアリティの違いは認められず、大きな圧力によって、「男女二分法」と「強制的異性愛主義」の中に取り込まれてしまいがちです。

何年か前に、ある集会で講演を頼まれた時、主催者から「生きにくさの根っこはどこにある」というタイトルをいただきました。そのことをゲイの友人に話したところ、「生きにくさの根っこねえ。うーん」と一緒に悩んでくれました。その友人に「あなたは今生きにくい？」と聞いたところ、「いいえ」と言われました。「どうして？」と聞いたら、「自分は自分でいい。自分らしくでいいんだってわかったから」と答えてくださいました。

その話を講演でしたところ、感想の中に「そのように生きたいけど、実際に社会の中で自分らしく生きようとすると生きにくい」と書かれた方がおられました。

私たちの生きている現実の中では「自分らしく」生きることが難しいことがよくあります。

人と違うことは「個性」であるはずなのに、それは「わがまま」とされ、マイナスのことだとされてしまいます。けれども、私たちは一人として同じ人間はいません。みんなそれぞれ違う命、違う人格、違う生き方を生きています。そのすべてがかけがえのないものであることをお互いに確認し、尊重していくことが「平和」を実現するということなのかもしれません。

けれども残念ながら「平和」を実現していくということは、とても難しいのが現状です。

私は被爆二世です。私の母が一九四五年八月六日に広島で原爆を体験しました。広島ではない場所で生まれ育った私は長い間、自分が被爆二世であることの意味を知りませんでした。けれども、二十三歳の時に二世である私にも放射能の影響があり、いつの日か自分の命が奪われるかもしれないということを知りました。そして、その日から命の不安を感じながら生きてきました。そして、二十七歳の時、仕事の関係で広島に移り住み、私が抱いてきた不安は被爆者の人がみんな抱いてきた思いであることを知りました。そして、「原爆後障害」について知り、同じ不安は二度と他の誰にも味わわせたくないという思いで、自分自身の思いを伝えてきました。けれども、すでにアフガニスタンやイラクの人たちに同じ思いをさせてしまっていたことを二〇〇三年一月に知らされました。一九九一年に起こった湾岸戦争でアメリカ軍は放射能兵器である「劣化ウラン弾」をイラクに落としており、すでにイラクの子ども達に白血病やガン、放射能の影響と思える「障害」が増加しています。その戦争の財源の多くは日本が出しており、つまり私たちの税金で劣化ウラン弾が落とされており、私たちと同じ思いをたくさんの人たちにさせてきてしまっているのです。そして、私自身がそれを知らなかった現実に向き合わされました。

私たちの中には一人として「不必要な命」はないのです。どんな国に生まれていても、どんな生き方をしていようとも、殺してもいい命はひとつもありません。だから、アメリカがイラクを再び攻撃してよいはずがなかったのです、ですからそのことをいろんなところで多くの人が訴えてきましたし、広島でも被爆地ヒロシマとしてそのことを伝えようとしたのですが、結果的に、二〇〇三年三月二十日、アメリカとイギリスは再びイラクを攻撃し、多くの劣化ウラン弾などの兵器を使用し、一般の人たちの命を奪い続けています。アメリカでその戦争を支持したのは、他でもない「キリスト教右派」と呼ばれるキリスト教会なのです。そして、私たちの政府もその戦争を支持し、自衛隊をイラクに送り続けています。また二〇〇五年一月以降、被爆地ヒロシマから陸上自衛隊をイラクに送り続けてしまっており、今後も送り続けられようとしています。そのことに対し、今、広島では市民団体によって止めるための活動が行われていきます。このように、この戦争は今も続いており、私たちが多くの民間人の命を奪う側に立たされ続けているのです。

しかも私たちの国は、どんどんと戦争が出来る国に変えられつつあります。けれども、私たちは戦争をするためには、セクシュアル・マイノリティが弾圧されることを経験上知っています。戦争をするためにはその戦争を支える子どもを作らなければなりません。そのために男女二分法を強化し、異性愛を強化していきます。そのようにして、私たちのセクシュアリティ（生と性）が管理されてしまうのです。そのために、セクシュアリティの違いが認められなくなっていくことを私たちは知っています。そうならないためにも、私たちがまず「人と違うことはおかしなことでも、悪いことではない！」ということを、あなたの命も私の命もかけがえのないものなのだということに気づいていきたいと思うのです。

今、沖縄では日本政府が私たちの税金でアメリカ軍の新たな基地をジュゴンやクマノミが多く生息する美《ちゅ》ら海《うみ》に建設しようとしています。それに対して、「命を育む海を人殺しの道具にさせてはならない」と辺野古のおじい、おばあたちが命をかけて座り込みの阻止行動をおこなっています（この座り込み阻止行動は二〇〇五年三月二十日で八年と三三六日続いています。みなさんがこの本を読まれる時には、この基地建設の計画が白紙に戻っていることを祈りながら……）。その沖縄の人たちが大切にしている言葉の中に「命《ぬち》どぅ宝《たから》」という言葉があります。これは「命こそ宝」という意味です。

私たちはみんな神様が造られたかけがえのない存在です。私たちの中に一人として神様の「失敗作」は存在しないのです。ですから、全ての人の命が宝であるのです。沖縄の人たちは沖縄戦を体験する中で、「命こそ宝」であると実感し、そのことを私たちに伝えて下さっているのです。

まずは私自身が私の命こそ宝であるということに気づきたいと思います。そうすれば、隣にいる人の命も宝であり、美しくかけがえのないものであることに気がつくのではないでしょうか。

「平和を実現する人たちは幸いである。その人たちは神の子と呼ばれる」というイエスの言葉があります。沖縄で牧師をしている友人が「私たちの人類は戦争のない時代を経験したことがない。そう考えると人類は一度も平和な時代を経験したことがない。そんな中で、平和を実現するという神様の偉大な業《わざ》に神様は私たちを用いてくださろうとしている。すばらしいことじゃないですか」と話してくれました。

私たち一人一人が「平和を実現する」ために必要な一人として、今必要とされているのです。私たちの身近なところから平和を実現するためにも、私の命こそ！　あなたの命こそ宝だということを、隣にいる人と確認することができればと願います。イスラエルやイラクをはじめとするアラブ諸国では挨拶の言葉に「平和がありますように」という言葉が用いられています。それは、古代近東世界において、言葉は口から発せられた瞬間に実現する力を持っていると信じられていたからです。ですから、目の前にいる相手に心からの平和を願い、あいさつをしているのです。同じように、私たちも、自分に、そしてすぐそばにいる人たちに平和があることを心から願うことから始めたいと思います。

けれども、私たちの生きている現実の中では自分の命が大切だと思えない時もあります。そのときは思い切り泣けばいいのです。広島の平和公園にある「原爆の子の像」のモデルになった佐々木禎子さん（この方は、二歳で被爆し、そのときは無傷だったのですが、十年経った時、原爆後障害である白血病を発症し、鶴を千羽折ったら病気が治ると信じて、鶴を折り続けたけれども天に召された方です）の甥ごさんを中心としたロックバンドGOD BREATHの歌の中に「今を生きて」という歌があります。

歯を食いしばってるその隙間からどうしても　もれる弱音
何も見えなくて昨日より小さくなった　僕がいるんだ
強くなりたい　つのる不安に押しつぶされてしまいそう
だけど負けたくはない　そんなやりとりの毎日を過ごしている
雨が降ればずぶぬれりゃいい　風が吹けば飛ばされりゃいい
追い詰められて逃げ場なくても　僕が僕であることを忘れはしない
迷いこんでいる一歩前に足を踏み出せない　怖いんだ
誰かたすけてよほんの少しの勇気をわけて　背中を押して
叫びたいよ　いつからだろう本気で笑ってないよ
だけどあきらめない　だって神様は越えられない試練は与えない
泣きたい時はただ泣けばいい　悲しい時は落込めばいい
汗ばむ両手グッと握りしめ　まだ見ぬ明日のために今を生きてみたい
真顔で明日を　信じている僕を笑いますか

雨が降ればずぶぬれりゃいい　風が吹けば飛ばされりゃいい
追い詰められ逃場なくても　僕が僕であればいい
泣きたい時はただ泣けばいい　悲しい時は落込めばいい
汗ばむ両手グッと握りしめ　まだ見ぬ明日のために今を生きてみたい

苦しくて　逃げたくて　叫びたくて　今を生きて

（GOD BREATH「今を生きて」）

私たちの社会では「泣く」「怒る」ということはよくない感情だとされています。けれども、泣きたい時はただ泣けばよいのです。キリスト教の神は、私たちの怒りを神様にぶつけることをゆるしてくださっています。怒りたいときは「神様なんでこんなことをするのですか！　どうしてこんな目に私をあわすのですか！」と神様にその怒りをぶつけてもよいのです。そうすれば、きっと気持ちが解放され、前に進むことができるようになり、今を生きる力が湧いてくるかもしれません。前に進むことが出来ないときは、立ち止まればいいのです。じっとしていれば、今を生きる力が少し湧いてくるかもしれません。この本を読んでくださったみなさんが、「今を生きる力」を少しでも感じていただければ幸いです。

どうか、みなさんが自分らしく、生き生きと生きることができますように……心から祈りつつ。

二〇〇五年、イースターを前にして……

大月純子

『性なる聖なる生』解説

河口和也

まずはじめにお断りしておかなければならないことは、本書著者のお二人から解説を書くよう依頼を受けたのですが、私は宗教や精神世界とは無縁の生活をしていること、さらにそうした問題については考えた経験もこれまでほとんどなかったということです。ですから、ここでは解説をするというよりも、宗教や精神世界にほとんど縁のなかった私がお二人の文章を読ませて頂き、また鼎談に参加するなかで、自分なりに理解したことを述べ、疑問を抱いたことなども率直にぶつけていくことにしたいと思います。というのも、もちろん著者のお二人のように宗教に思いを寄せ、信仰を実践している方々もいるとは思うのですが、現代日本においては、多くの人たちが私と同じように宗教や信仰に対してあまり縁がないとか、自分とは違う世界の話だと感じているのではないかと思うからです。

大月さんの文章は、自らが牧師であるという立場から、キリスト教の教義がこれまで性的マイノリティをどのように捉えてきたのかを解説してくれています。「神の言葉」というものがあるとすれば、それを何らかの方法で解釈し、信者に橋渡しして伝えるという立場、それが牧師です。じつは、そうした言葉には、性的マイノリティを差別し、苦しめるものが多々含まれていたという事実があります。つまり、宗教には教義というものがあり、そこにはいろいろなことが書かれているわけですが、それはいつの時代においてもつねに解釈に付される可能性を含んでいますし、実際にこれまで幾度となく教義の解釈が行われてきました。解釈自体は「神の振る舞い」ではなく、すぐれて人為的な行為なのです。ですから、解釈には絶対的なものなどなく、歴史的状況や社会的背景によってかなり多様化するということです。となれば、これまで少なくとも性的マイノリティの信者を苦しめてきた差別的な教義は、たとえば宗教家の解釈によって変更される可能性をもつようにもなるのです。ここでの重要な点は、宗教自体が内部から変わっていく、また内部から変えようとする実践（の可能性）ということだと思います。

虎井さんの文章では、キリスト教への憧れを小さな頃から抱きつつも、実際にはキリスト教とは異なる信仰を実践するにいたった過程について、トランスセクシュアルという立場から自らの心の内に入り込んで真摯かつ率直に語られています。そこには、トランスセクシュアルが直面する苦悩と同時に、「念ずれば通ず」というような、ある意味信仰に裏打ちされた強い意思のようなものが存在し、それが虎井さんの人生のなかで大きな意味を占めていることがうかがえます。つまり、人生において「信じるということ」の意味がそこにあるように思えるのです。そして、さらに人はなぜ信仰や宗教に心惹かれるかということについてもその生い立ちに触れながら語られています。

「宗教」や「信仰」という言葉で語ってしまうと多くの人にはいささか縁遠いものとして映ってしまったり、ややもすると最初から遠ざけてしまいがちになってしまうこと。それが「信じるということ」だと思います。この「信じるということ」が人生にもたらす意味に接近していること、これがお二人の文章の中に共通していることでなのではないかと私は感じています。

では、なぜ「信じるということ」が重要なのかということですが、それはこれまでセクシュアリティがどのように論じられてきたのかということと関連があるように思えます。これまでは、セクシュアリティの現象が社会的なものとして論じられることがなかったという背景から、まず第一に社会的な差別や抑圧という視点でとらえ、そうした問題に取り組む必要性が優先されてきたという状況があげられます。たとえば同性愛の問題であれば、差別問題や人権問題として論じられてきた経緯がありましたし、性同一性障害については戸籍における性別変更の問題などとして取り上げられてきたと思います。もちろん、そうした問題は危急に解決しなければならない問題であったことは忘れてはなりません。ですから、性的マイノリティの運動の多くが、優先的に社会的な問題に取り組んできたわけです。それにより、たとえば同性愛が人権のカテゴリーに含められたり、トランスセクシュアルの一部の人々にとっては戸籍の性別変更も認められるようになり、性的マイノリティの生活における制度的な側面は整えられるようになったと言えるでしょう。しかし、その反面、性的マイノリティの精神生活といいますか、心のなかの問題は、多少置き去りにされた感はぬぐえません。「生活」というものを包括的にとらえるなら、制度も重要ですが、各個々人の心の奥深くの問題も同じくらい大切なことであるということです。

宗教や信仰という大きな言葉で語られてしまうと、自分のことと結びつけるのは難しいかしれません。しかし、何かを信じるということとして考えてみると、とりわけ将来の人生をなかなか思い描くことができなかった状況にある性的少数者にとって、自分の先の人生における生活、なかでもその「幸せ」を思い描くことは、私にとってはとても意義あることのように思えました。信じるも信じないも、それはおそらく「自分」しかできない行為であり、これまで周りのことだけに気を遣いながら生きてきたような性的マイノリティにとっては、夢想であってもなんであっても「自分の幸せ」に思いを馳せることが何にも変えがたいほど大切であると私には思えてなりません。

参考文献

大月純子参考文献（上段）

・阿満利麿『日本人はなぜ無宗教なのか』（（ちくま新書）筑摩書房、一九九六）
・池上千寿子『アダムとイブのやぶにらみ―刺激的ヒューマン・ウオッチングのすすめ』（はまの出版、一九九六）
・伊藤　悟、虎井まさ衛編『多様な性がわかる本』（高文研、二〇〇二）
・伊藤　悟、大江千束、大月純子・他著『プロブレムQ&A　同性愛って何？』（緑風出版、二〇〇三）
・伊藤　悟、簗瀬竜太著『異性愛をめぐる対話』（飛鳥新書、一九九九）
・伊藤　悟『同性愛がわかる本』（明石書店、二〇〇〇）
・小田切明徳＋橋本秀雄著『インターセクシュアルの叫び』（かもがわ出版、一九九七）
・河口和也『クイア・スタディーズ』（岩波書店、二

虎井まさ衛参考文献（下段）

・S・バーバネル他著／近藤千雄訳『シルバー・バーチの霊訓』①～⑫（潮文社、一九八七年より順次刊行）
・ジェーン・ロバーツ著／紫上はとる訳『セスは語る魂が永遠であるということ』（ナチュラルスピリット、一九九九）
・シャーリー・マクレーン著／山川紘矢、山川亜希子訳の角川文庫のシリーズ
・ディーパック・チョプラ著／住友進訳『迷ったときは運命を信じなさい すべての願望は自然に叶う』（サンマーク出版、二〇〇四）
・ニール・ド・ナルド・ウォルシュ著／吉田利子訳のサンマーク出版のシリーズ
・マイケル・J・ローズ著／山川紘矢、山川亜希子訳『魂との対話』（徳間書店、一九九八）
・ゲーリー・ズーカフ著／坂本貢一訳『魂との対話

〇〇三）
・倉地克直『性と身体の近代史』（東京大学出版会、一九九八）
・中根光敏、野村浩也、河口和也、狩谷あゆみ著『社会学に正解はない』（松籟社、二〇〇三）
・三田村泰助『宦官―側近政治の構造』中公新書7（中央公論社、一九六三）
・堀江有里「『レズビアン』という生き方」『福音と世界』（新教出版社、二〇〇二年六月号〜〇四年一二月号）
・堀江有里「同性愛者差別の論理―日本基督教団を事例に」花園大学人権教育センター編『差別という名の暴力―果てしなきホープレス社会』（批評社、二〇〇三）
・宮谷宣史編『性の意味―キリスト教の視点から―』（新教出版社、一九九九）
・大月純子「釈義と黙想　イザヤ書四六章」『アレテイア―聖書から説教へ　24号』（日本基督教団出版局、一九九九）
・ジョン・ボズウェル著／大越愛子、下田立行訳『キリスト教と同性愛―1〜14世紀西欧のゲイ・ピープ

宇宙のしくみ人生のしくみ』（サンマーク出版、二〇〇三）
・アラン・コーエン著／牧野・M・美枝訳『今日から人生が変わるスピリチュアル・レッスン』（ダイヤモンド社、二〇〇三）
・イアンラ・ヴァンザント著／荒木美穂子訳『40日間のスピリチュアル・ワーク　ある日、わたしの魂が開いた』（ナチュラルスピリット、二〇〇三）
・近藤千雄『霊的人類史は夜明けを迎える　スピリチュアリズム誕生の系譜』（ハート出版、一九九三）
・江原啓之著作シリーズ。とくに『人はなぜ生まれいかに生きるのか』（ハート出版、一九九五）
・浅見帆帆子著作シリーズ（主に幻冬舎）
・ジョセフ・マーフィー著作シリーズ。三笠書房の「知的生きかた文庫」に多い
・エヴァ・ブックス『精神世界が見えてくる　人間とは何か気付きとは何か』（サンマーク出版、二〇〇〇）
・中村元訳『ブッダのことば―スッタニパータ―』（岩波文庫、一九五八）
・中村元訳『ブッダの真理のことば 感興のことば』（岩

ル』（国土社、一九九〇）
・ミッシェル・フーコー著／渡辺守章訳『性の歴史Ⅰ・Ⅱ・Ⅲ』（新潮社、一九八六）
・ジミー・マクガヴァーン著／実川元子訳『司祭』（徳間書店、一九九六）
・スティーブン・ハッサン著／浅見定雄訳『マインド・コントロールの恐怖』（恒友出版、一九九三）
・マインドコントロール研究所編／パスカル・ズィヴィー、福沢満雄、志村真著『「信仰」という名の虐待』（いのちのことば社、二〇〇二）
・絹川久子『ジェンダーの視点で聖書を読む』（日本キリスト教団出版局、二〇〇二）
・インゲボルグ・クルーゼ著／千田まや訳『少女よ、起きなさい―新約聖書の女たちの物語』（新教出版社、一九九五）
・横田幸子『イエスと呼応しあった女たち―女性の視点で聖書を読みなおす』（新教出版社、一九九五）
・アリソン・C・ハントリー著／ロバート・ウィットマー、道北クリスチャンセンター訳『カナダ合同教会の挑戦―性の多様性の中で』（新教出版社、二〇〇三）

波文庫、一九七八）
・ひろさちや『仏教と神道 どう違うか 50のQ&A』（新潮選書、一九八七）
・鎌田東二『神道とは何か 自然の霊性を感じて生きる』（PHP新書、二〇〇〇）
・岩井宏實監修『日本の神々と仏 信仰の起源と系譜をたどる宗教民俗学』（青春出版社、二〇〇二）
・大法輪閣編集部編『増補改訂 仏教 キリスト教 イスラーム 神道 どこが違うか』（大法輪閣、二〇〇二）
・八木雄三『イエスと親鸞』（講談社選書メチエ、二〇〇二）
・土井健司『キリスト教を問いなおす』（ちくま新書、二〇〇三）
・石井健吾訳『アシジの聖フランシスコの小さき花』（聖母文庫、一九九四）
・レテー・B・カウマン／山崎亭治訳『荒野の泉』（福音文書刊行会、一九六〇）……一九九九年に二一版が出ていますが、この本だけは二〇〇五年現在とても入手困難です。しかし、お薦めです。

[著者略歴]

虎井まさ衛（とらい　まさえ）

作家。性同一性障害当事者・研究者・支援者のためのミニコミ誌「FTM日本」主宰。幼児期より性同一性障害に悩み、大学卒業後、渡米して女性から男性への性別適合手術（いわゆる性転換手術）を受ける。その前後の1987年より、性同一性障害についての啓発活動を始める。全国を講演して歩くほか、東京都人権啓発ビデオ（2002、東映製作）への出演、「3年B組金八先生」第6シリーズへの協力など、性と人権について、教育現場やメディアを通じてアピールすることにも力を入れている。本書の参考文献に取り上げられているものをはじめとして、多数の著書がある。

FTM日本連絡先：〒123-0845　東京都足立西郵便局留　FTM日本

大月純子（おおつき　じゅんこ）

1970年神戸生まれ。日本基督教団牧師。「わたしたちの性と生を語る会・広島」代表。「ジェンダー広島」運営スタッフ。「男女共同参画を考える会ひろしま」共同代表。1997年より広島に在住。広島にあるいくつかのセクシュアル・マイノリティのコミュニティに関わっている。セクシュアリティについての理解を深めるための講演を行ったり、講演会・ワークショップの企画を行っている。また、数年前より高校生とクラブ活動の中で、セクシュアリティについての理解を深めるためのプログラムを行っている。共著に『性の意味――キリスト教の視点から』（宮谷宣史編／新教出版社）、『プロブレムQ＆A同性愛って何？』（共著、緑風出版）がある。

河口和也（かわぐち　かずや）

広島修道大学人文学部教授。著書に『クイア・スタディーズ』（岩波書店、2003年）『ゲイ・スタディーズ』（共著、青土社、1997年）、訳書に『グローバル・セックス』（デニス・アルトマン著、共訳、岩波書店、2005年）。

性《せい》なる聖《せい》なる生《せい》――セクシュアリティと魂の交叉

2005年3月27日　初版第1刷発行　定価1700円＋税

著　者　虎井まさ衛・大月純子／河口和也 ©
発行者　高須次郎
発行所　緑風出版
〒113-0033　東京都文京区本郷2-17-5　ツイン壱岐坂
［電話］03-3812-9420　［FAX］03-3812-7262
［E-mail］info@ryokufu.com
［郵便振替］00100-9-30776
［URL］http://www.ryokufu.com/

装　幀　堀内朝彦
制　作　R 企 画　印　刷　モリモト印刷・巣鴨美術印刷
製　本　トキワ製本所　用　紙　大宝紙業　E2000

Printed in Japan　ISBN4-8461-0503-2　C0036

◎緑風出版の本

■全国どの書店でもご購入いただけます。
■店頭にない場合は、なるべく書店を通じてご注文ください。
■表示価格には消費税が加算されます

プロブレムQ&A
同性愛って何？
［わかりあうことから共に生きるために］
伊藤　悟・大江千束・小川葉子・石川大我・簗瀬竜太・大月純子・新井敏之著

A5変並製
二〇〇頁
1700円

同性愛ってなんだろう？　家族・友人としてどうすればいい？　社会的偏見と差別はどうなっているの？　同性愛者が結婚しようとすると立ちはだかる法的差別？　聞きたいけど聞けなかった素朴な疑問から共生のためのQ&A。

プロブレムQ&A
性同一性障害って何？
［一人一人の性のありようを大切にするために］
野宮亜紀・針間克己・大島俊之・原科孝雄・虎井まさ衛・内島　豊著

A5変並製
二六四頁
1800円

戸籍上の性を変更することが認められる特例法が施行されたが、日本はまだまだ偏見が強く難しい。性同一性障害とは何かを理解し、それぞれの生き方を大切にするための入門書。資料として、医療機関や自助支援グループも紹介。

パックス
――新しいパートナーシップの形
ロランス・ド・ペルサン著／齊藤笑美子訳

四六判上製
一九二頁
1900円

欧米では、同棲カップルや同性カップルが増え、住居、財産、税制などでの不利や障害、差別が生じている。こうした問題解決のため、連帯民事契約＝パックスとして法制化した仏の事例に学び、新しいパートナーシップの形を考える。

私たちの仲間
［結合双生児と多様な身体の未来］
アリス・ドムラット・ドレガー著／針間克己訳

四六判上製
二七二頁
2400円

結合双生児、インターセックス、巨人症、小人症、口唇裂……多様な身体を持つ人々。本書は、身体的「正常化」の歴史的文化的背景をさぐり、独特の身体に対して変えるべきは身体ではなく、人々の心ではないかと問いかける。